Gott in Rom begegnen

GEORG SCHWIKART

Gott in Rom begegnen

Bezauberndes und Alltägliches in der Ewigen Stadt

echter

Bibliografische Information der Deutschen Nationalbibliothek
Die Deutsche Nationalbibliothek verzeichnet diese Publikation in der Deutschen Nationalbibliografie; detaillierte bibliografische Daten sind im Internet über http://dnb.d-nb.de abrufbar.

1. Auflage 2024

www.echter.de

Covergestaltung: Vogelsang Design, Jens Vogelsang, Aachen
Coverfoto: © Norbert Knecht
Fotografien Innenteil: © Norbert Knecht
Layout Innenteil: satzgrafik Susanne Dalley, Aachen
Druck und Bindung: Rudolph Druck GmbH & Co. KG, Schweinfurt

ISBN 978-3-429-06736-6

Inhalt

9 Ein Schaf sucht die Nähe der Wölfin
17 Ich traf Gott in der Bar
23 Die Bauchreligion
31 Gott ist eine Mohnblume
37 Abendmahl mit Zucchiniblüten
43 Das Wunder geschieht in euch
51 Hineingeboren
59 Einen Zentimeter Luft
67 Lebendige Monstranz
77 Was spricht der Mund der Wahrheit?
87 Das Sakrament der Zigarre
97 Verstehen mit Herz und Nieren
107 Vitamin R
117 Durch die Bilder hindurchsehen
125 Im Glauben erwachsen werden
135 Nicht römisch. Dennoch katholisch
149 Vertrauen macht den Unterschied

161 Verwendete Literatur
167 Weitere Titel des Autors

IV

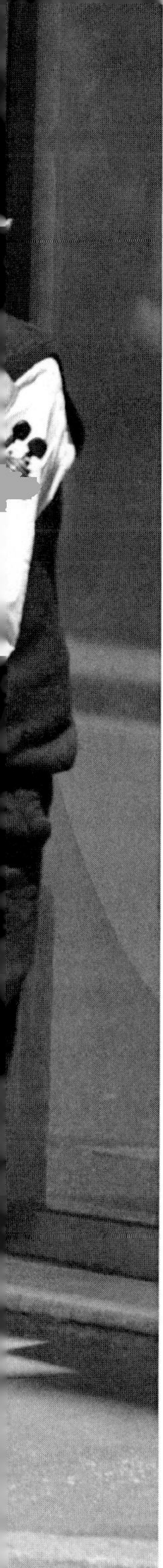

Der Autor dankt zahlreichen Freunden und Bekannten für Tipps und Anregungen, besonders aber Herbert Stangl, Dr. Anna Schönhütte, Chris Nolde und Kurt Hägerbäumer für kritische Durchsicht des Manuskripts.

Für Norbert und alle,
denen in Rom die Seele aufblüht

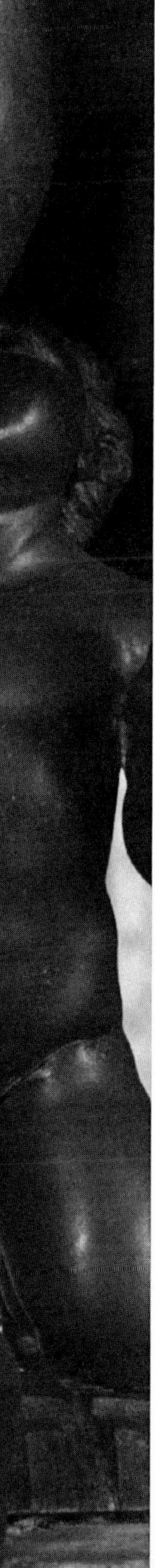

Ein Schaf sucht die Nähe der Wölfin

Drei Buchstaben stehen für große Geschichte und tausend Geschichten: Rom! Das Wort allein – eine Verheißung. Ein Name, der große Erwartungen weckt.

„Rom ist ein aufgeschlagenes Buch, ein Buch der Geschichte, der Kunst und der Völkerkunde", so lese ich im Bildband „Rom durch die Bilder" von Lito Adriatico. Diesen Bildband habe ich in den siebziger Jahren von meiner ersten Romreise mitgebracht.

Das Vorwort ist ein Lobgesang: Rom sei ein riesenhaftes Gemälde in aufeinander abgestimmten Farben, das eine warme und feierliche Atmosphäre schaffe. – Dem können wohl alle zustimmen, denen das Schicksal das Glück gegönnt hat, Rom aus der Höhe betrachten zu dürfen: vom *Gianicolo* oder einem anderen Hügel, von einer hochgelegenen Dachterrasse oder dem *Viktor-Emanuel-Monument*, das pathetisch „Altar des Vaterlandes" genannt wird. Mysteriös mutet das Versprechen der Autorin an: „Jeder kann in Rom etwas finden, das ihm seit Jahrhunderten gehört. Es ist die Umarmung Roms, das in seine riesigen Arme alles aufnimmt, aber sich keinem hingibt." – Damals, als ich das Buch gekauft habe, konnte ich noch nicht erfassen, wie wahr das alles ist. Heute weiß ich es.

Ich freue mich auf die Ewige Stadt, mehrmals im Jahr zieht es mich dorthin. Gestern bin ich aus dem Rheinland nach München gekommen, habe hier in einem Hotel am Bahnhof übernachtet und werde jetzt gleich in den Zug steigen, der mich an mein ersehntes Ziel bringt. Das wird eine schöne Fahrt durch den August. Dieser Monat soll ja – so raten es zwei deutsche Pilger aus dem 13. Jahrhundert – die beste Reisezeit sein, weil es da lange hell ist.

Kurz vor dem Einsteigen erreicht mich die Nachricht: Moränenabgang in Österreich. Ab Kufstein Schienenersatzverkehr bis Innsbruck. Die Wahrscheinlichkeit, den Anschluss in Bologna zu schaffen, ist gering. Spontan steige ich in die S-Bahn zum Flughafen, buche auf dem Handy ein Flugticket und finde mich in Freising wieder, viel zu weit, ich befand mich im falschen Wagen, hätte umsteigen müssen. Mit dem Taxi zum großen Airport, wo ich dann stundenlang sitze und lese, schreibe, die Zeit vertreibe. Eine Art Advent, Warten ist angesagt.

Wer reist, kann was erleben. Irgendwas geht immer schief. Alles wird teurer als geplant. In der Maschine gibt's ein Trinkpäckchen Wasser und eingeschweißt ein brotähnliches Erzeugnis mit undefinierbarer Füllung. Man macht was mit. Aber dann, endlich, *Roma Fiumicino.* Mittlerweile ist es halb zehn am Abend, das Taxi braust durch den schwülen Abend. Im Hotel stelle ich meinen Koffer neben der Rezeption ab, das Zimmer kann warten, das nächste Ristorante ist nur fünf Schritte entfernt. „La cucina è ancora aperta?", frage ich den Kellner ängstlich: „Ist die Küche noch geöffnet?" Er lächelt gütig. Was er mir empfehlen könnte? Er nennt ausgerechnet „Trippa alla romana": Kutteln römischer Art! Doch mein Glück, endlich in Rom zu sein, lässt mich mutig werden. Ich nehme sie und bin dann überrascht, wie lecker diese Pansenstreifen mit Sellerie, Tomaten, Zwiebeln,

Möhren und Lorbeer sind. Dazu reichlich Wein und Wasser. Ein Nachtisch muss noch sein, obwohl sich das Gasthaus langsam leert. Wieder folge ich der Empfehlung des Kellners, habe zwar keinen blassen Schimmer, was „Zeppole di San Giuseppe" sein sollen; aber wenn der heilige Johannes im Namen auftaucht, kann es nicht schlecht sein. Mich überraschen dann himmlische Windbeutel mit Vanillecremefüllung. Rom heißt eben auch: *Dolce vita*, süßes Leben.

Ich mache noch einen kleinen Spaziergang um die Häuser, genieße die laue Nacht, schreibe ein paar Freunden die Nachricht: „Ich bin in Rom!" Sie schicken Smileys und freuen sich mit mir, wissen sie doch, wie sehr mein Herz an diesem Ort hängt. Pater Laurentius, ein Franziskaner, mit dem mich eine jahrzehntelange Freundschaft verbindet, kommentiert: „Für einen Protestanten fährst du aber oft nach Rom." Es ist seltsam: Im Zentrum der katholischen Kirche – immerhin der größten religiösen Bewegung der Menschheit – spielt für mich die Kategorie der Konfession keine Rolle mehr.

Im klugen Buch „Deutsche Spuren in Rom" schreibt Jörg Ernesti, im 18./19. Jahrhundert hätten sich auch protestantische Deutsche wie Händel, Goethe, Herder oder von Humboldt in Rom wohl gefühlt: „Die Haltung zum Katholizismus bestimmte das jeweilige Rombild. Während sich die einen schwärmerisch für das Papsttum begeisterten, lehnten die anderen die alte Religion und ihre Repräsentanten als unerleuchtet und dekadent ab. Beides war im zeitgenössischen Rom möglich." Daran hat sich ja bis heute grundsätzlich nichts geändert. Ich komme als Deutscher, als evangelischer Christ, als Pfarrer, vor allem aber als Mensch nach Rom. Als einer, der das Schöne sucht, das Andere, Ruhe und Aktion, Begegnung mit Gott und Leuten aus aller Welt.

Unterhalb der Basilika *Santa Maria Maggiore* räumen die Kellner einer Bar die Außentische ins Haus, es ist Mitternacht, leichter, warmer Regen fällt. Ich bekomme noch einen Brandy, den ich zu einem Zigarillo genieße. Ob ich ein Bischof sei, fragt der junge Kellner aus Nigeria und strahlt mich dabei an. Ich muss lachen; ob er wegen meiner so würdig weißen Haare auf diese Idee kommt? Ich bin dankbar, nur ein kleiner Pastor = Hirte sein zu dürfen; einer der vielen Hirten der großen Herde Gottes … und dabei bin ich oft selbst genug ein Schaf: Ich bin ängstlich vor Wölfen, gehe verloren, sehne mich nach einem, der mich findet, auf seine Schultern nimmt und nach Hause bringt.

Finden und verlieren sind auch römische Themen, und eine Wölfin spielt hier eine besondere Rolle. Rom weitet mich, relativiert vieles, konfrontiert mich mit Gott und mit mir selbst. Rom ist gnädig, lässt mich in Frieden gewähren, schenkt der Seele Heilung. Rom fordert heraus, überfordert bisweilen, fördert Erkenntnis zu Tage. Ich habe meine Geschichte mit Rom, ich sammle Geschichten von Nähe und Fremdheit, von Anziehung und Widerwillen, von Verschmelzung und Genervtsein. Es sind schräge Liebesgeschichten. Diese Stadt lässt mich nicht kalt. Man muss Rom physisch und psychisch gewachsen sein – und es sich auch finanziell leisten können, hier wird man dauernd zur Kasse gebeten.

Längst komme ich ohne festen Plan, lasse mich treiben. Suche gern das Bekannte auf, genieße aber auch das Neue, Unbekannte. Ich lasse es mir gut gehen. Tanke auf. Und habe es aufgegeben, alles sehen und wissen oder verstehen zu müssen. Im rund 900 Jahre alten Reiseführer „Mirabilia Urbis Romae“ (Die Wunderwerke der Stadt Rom) ist einmal der geniale Satz zu lesen, der sich auf die Gegend um den *Lateran* bezieht, aber allgemeingültig ist: „Am Lateranspalast befindet sich einiges, was zu bewundern, aber nicht zu beschreiben ist." Diese Kapitulationserklärung kann ich nur unterschreiben.

Dennoch lade ich alle Leserinnen und Leser dieses kleinen Buches ein, mich auf meinen Spaziergängen zu begleiten, die ich über viele Jahre hinweg und zu unterschiedlichen Jahreszeiten unternommen habe. Ich war mit Familie, Freunden oder Pilgergruppen in Rom, und immer wieder gern allein. Das eine oder andere Wissenswerte rufe ich in diesem Buch in Erinnerung, bin aber sehr sparsam mit Daten und Zahlen, die muss ich mir selbst mühsam aneignen und vergesse sie doch wieder. Aber meine Eindrücke und Empfindungen, meine Gedanken und Gefühle teile ich gern.

Heinz-Joachim Fischer erzählt in seinem Grundlagenwerk „Rom. Zweieinhalb Jahrtausende Geschichte, Kunst und Kultur der Ewigen Stadt", römische Familien würden mitunter kurz vor Mitternacht eine Spritztour durch ihre Stadt machen und alles bewundern, als sähen sie die Plätze und Kirchen, Brunnen und Paläste zum ersten Mal: „Dann fahren die Römer zufrieden nach Haus und sagen einander: Darum beneidet uns die Welt." – In mir jedoch ist kein Neid, denn auch mich, den Fremden, begrüßt Rom überschwänglich wie eine Mutter ein Kind, das zu Besuch kommt. Mein Freund Norbert, mit dem ich viele Romreisen unternommen habe, trägt gern ein T-Shirt, auf dem der flotte Spruch zu lesen ist: „Ich brauche keine Therapie, ich muss nur nach Rom."

Erschöpft falle ich ins Bett, es ist ein wenig durchgelegen. Das Zimmer gleicht einer Gefängniszelle, eng und dunkel. Aber es ist in Rom. Ich bin da. Ich bin Gott dankbar.

Ewige Stadt

Sehnsuchtsvolle Erwartung treibt mich
nach Rom;
ich haste die heiligen Stätten ab,
jaja, Jahrtausende …
Größe, Macht und Prunk, wie schön,
auf dem Programm steht das süße Leben
Solche Fülle lässt mich leer, verloren
friere ich in der Hitze der stickigen Plätze,
im Café schreibe ich auf die Postkarte:
Alles herrlich!
Wie ein ziehender Schmerz
die Ent-Täuschung:
Die Ewige Stadt begegnet mir nicht,
fremd bleibe ich in diesem Gewühle
Da, die dürre Straßenkatze rührt mich,
wie sie stolz einen Makrelenschwanz ergattert hat,
im Lächeln der Nonne ruhe ich aus,
der Schluck aus dem Brunnen – wie kostbar!
Und ich neige mein Haupt, dankbar
Zeuge sein zu dürfen von Augenblicken
da sich Himmel und Erde küssen:
Rom,
Gott, Volk und Welt, Leib und Seele
werden eins:
ich bin angekommen!

Ich traf Gott in der Bar

„Altes Mauerwerk, Statuen und Kultur im Überschwang: Das war meine vage Vorstellung von Rom“, sagt der Fotograf Bernd Rücker im Vorwort seines opulenten Bildbandes „Eindrücke aus Rom“. Aber er fährt fort: „Ich wurde eines Besseren belehrt: Die Metropole hat alle Eigenschaften einer modernen Großstadt. – Nur ist sie eben völlig anders.“

So anders! Ich mag Wien und London, Budapest oder Istanbul, das sind beeindruckende Orte. Ich hatte Gelegenheit, San Francisco, Kairo oder Hongkong anzuschauen. Die Welt ist bunt und faszinierend, mir gefällt es, sie zu entdecken. Doch Rom ist von ganz eigener Art. Das habe ich bereits bei meinen ersten Besuchen gespürt, die nun um die 40 Jahre zurückliegen. Liebe kann man nicht begründen, meine Faszination für Rom entzieht sich rationalen Argumenten. Rom ist ein Kraftort für mich geworden, eine Quelle, deren Wasser Leib und Seele aufleben lässt. In Rom lade ich mich mit Weite und Größe auf, um meine enge Welt zu Hause besser bewältigen zu können. Rom ist Ort der Begegnung: mit Freunden, die dort leben, und mit Fremden. Mit mir selbst und mit Gott.

Es war keine spektakuläre Offenbarung, wie sie der Prophet Elia erlebte, dem sich Gott nach Sturm, Erdbeben und Feuer schließlich in zartem Säuseln zeigte. Gott begegnete mir vor vielen Jahren nicht in ungewöhnlicher Erscheinung, beispielsweise als lebenslustige Afroamerikanerin, wie im Roman „Die Hütte" des kanadischen Schriftstellers William Paul Young. Der finnisch-schwedische Autor Willy Kyrklund berichtet sogar hinreißend von einer Einladung zum Tee bei Gott – der dann in Gestalt eines Krokodils auftritt. Begründung: „Weil das deiner Auffassung von mir am besten entspricht."

Weil Gott am besten weiß, wie er uns erreichen kann, nutzt er zur Kommunikation mit mir – einem von Aufklärung und Protestantismus geprägten Deutschen mit katholischer Vergangenheit – meine Gedanken. Nun habe ich viele Gedanken den lieben langen Tag. Vernünftige und abwegige, überflüssige und verrückte, dazu schlagen sie Haken wie Hasen auf der Flucht, neigen zum Abdriften, wechseln unvermittelt das Thema, verheddern und zerfasern sich. Mir kommt zum Beispiel in den Sinn, ob es nicht zu problematisieren wäre, dass ich so selbstverständlich „er" schreibe, wenn ich das Wort Gott durch ein Personalpronomen ersetze. Kann man tun. Kann man auch lassen.

Darüber aber dachte ich nicht nach in der römischen Bar, einer von tausenden, Tankstellen für Leib und Seele in der Maschinerie der Ewigen Stadt. Unweit der *Porta Sant'Anna*, einem Seiteneingang in den *Vatikan*, saß ich an einem kleinen Tischchen, das ein Kellner vor meinen Augen etwas nachlässig abgewischt hatte. Der Espresso (hier schlicht Caffè genannt), ein winziger Schluck mit kleiner Milchschaumhaube (also Macchiato), glich einer vitalisierenden Injektion. Wer übrigens nach der Frühstückszeit noch einen Cappuccino ordert, outet sich als Fremder, aber das sieht man ohnehin. Die Spremuta, ein frisch gepresster Orangensaft, glänzte durch Farbe und Geschmack, köstlich! Dazu gönnte ich mir ein mit Thunfisch gefülltes Tramezzino: Ein dick belegtes Toastbrotdreieck, dem die weiche Kruste abgeschnitten wurde, so dass man es notfalls wohl auch ohne Zähne genießen kann.

Seinerzeit fiel mir ein, dass ich Jahre zuvor einmal durch die *Porta Sant'Anna* in den *Vatikan* eingelassen worden war. Ich durfte den Film „Die Sünden der Kirche" von Peter Kropf betexten; eine Auseinandersetzung mit dem Bestreben von Johannes Paul II., die Last der Vergangenheit zu bewältigen: Von der Hinrichtung des Jan Hus über die Verurteilung Galilei Galileos und viele andere Themen bis hin zur Gewalt gegen indigene Völker im Rahmen der Mission. Im vatikanischen Filmarchiv konnte man Bildmaterial einkaufen (den Papst in jeder gewünschten Position), es wurde nach Sekundenlänge berechnet. Mitten im Gespräch mit den beiden vatikanischen Mitarbeitern fragten sie Peter und mich plötzlich: „Seid ihr eigentlich für oder gegen den Papst?" – Geradezu ergreifend naiv, diese Frage, doch uns war sofort klar, es ist gerade nicht der rechte Moment für differenzierte Auseinandersetzungen, und so beteuerten wir augenblicklich: „Selbstverständlich dafür!"

Nun aber saß ich in der Bar, kam ein wenig zur Ruhe und versuchte meine soeben im *Petersdom* gewonnenen Eindrücke zu reflektieren; im Deutschen haben wir dafür ein Wort, in dem unser Lieblingsverb vorkommt: „ver-*arbeiten*". Ich hatte eben einen Gottesdienst im größten Gotteshaus der Welt ab etwa der Hälfte mitgefeiert; ich war zufällig dazugekommen. Mein Italienisch ist höchst bescheiden und doch konnte ich der Messe folgen und genoss die sakrale Aura.

Es war kein Hochamt am Hauptaltar, sondern im Bereich dahinter, unter dem Heiliggeistfenster, einem Kleinod in dieser vor Kunstschätzen überbordenden Kathedrale, in die man meine evangelische Emmaus-Kirche in Bonn hineinstellen könnte wie ein Spielzeugkirchlein. Mit der Liturgie bin ich vertraut, auch diesen Kirchraum habe ich viele Male besichtigt. Es war der Moment des Auszugs, der mich nachhaltig beschäftigte: Eine Schar von Ministrantinnen und Ministranten führte die Prozession an. Es folgten ein paar Diakone, ein Dutzend Priester, abschließend ging ein Bischof mit Stab und Mitra segnend einher (ob Weih-, Erz- oder Normalbischof, erschloss sich mir nicht).

Und nun, für den Moment gesättigt und gestärkt in der römischen Bar, fragte ich mich, ohne Aggression, Hysterie oder Pathos, ganz aufrichtig: *Was hat das alles mit Jesus von Nazareth zu tun?* Hier genau schaltete sich Gott ein. Ganz sacht. Diplomatisch, könnte man sagen. Dabei kann Gott auch anders. Aber an diesem Tag antwortete in mir eine sanfte Stimme mit natürlicher Autorität: „Nichts." Sie setzte zu meinem Erstaunen hinzu: „Macht aber auch nichts. Die Menschen brauchen was zum Sehen, Hören, Riechen, Schmecken, Fühlen. Religion darf so sein. Bedenke nur immer: Die Wirklichkeit dahinter ist anders. Ganz anders!"

Ich hätte dieser Stimme, die keine Stimme war, eher ein klarer Gedanke, gern noch länger gelauscht. Aber schon schweiften meine Gedanken ab, diese unzuverlässigen Gesellen, in niedere Gefilde: Ob ich noch ein Tramezzino oder ein Stücke Torta della Nonna (einen Kuchen mit Vanillecreme) bestellen oder lieber anderswo was Richtiges essen sollte. Als Kompromiss ließ ich mir den Weinbrand Vecchia Romagna kommen und plante das Nachmittagsprogramm.

Nachdem ich die Bar verlassen hatte, steuerte ich die nächstbeste Kirche an, um ein Opferlichtlein zu entzünden. Aus Dankbarkeit für die Eingebung, die ich als echte Befreiung empfand – und von der ich bis heute zehre. Echte Opferkerzen zu finden gestaltet sich in Rom bisweilen schwierig, weil die meisten Kirchen nur elektrische anbieten. Wahrscheinlich um die Rußbildung zu minimieren oder weil es weniger Arbeit macht oder die Gewinnspanne schlichtweg größer ist: Fünfzig Cent gegen zwanzig Minuten Brenndauer, das ist doch ein Geschäft!

Dazu passt noch die nette Anekdote, wie mich einmal eine evangelische Teilnehmerin einer katholischen Pilgergruppe angesichts der elektrischen Opferlichtlein ernsthaft fragte: „Sagen Sie mal, elektrische Kerzen: Wirken die wie echte?“ Eine Frage, wie sie nur Deutsche stellen. Oder Protestanten.

Ich fand an jenem Nachmittag übrigens echte Kerzen mit echten Flammen, die echte Wirkung erzielen in der Kirche *Aracoeli* auf dem *Kapitol.* Das berühmte Jesuskind dort, dem Briefe aus aller Welt geschrieben werden, ist übrigens unecht: Das Original wurde vor einigen Jahren gestohlen, man munkelt von der Mafia. Aber das nachgemachte Jesuskind erfüllt seine Aufgabe auch vorbildlich. In der Kirche entzündete ich ein paar dünne Kerzen und dachte an meine Lieben.

Diese Art der Frömmigkeit gelassen als eine der vielen Ausdrucksformen des christlichen Kosmos wertzuschätzen, gelingt mir seither besser, nach meiner Begegnung mit Gott in der Bar.

Die Bauchreligion

Ewigkeit siegt

Mich dürstet
nach deftigem Grün und
zartem Regen
wie werden
die sanften Landschaften
meiner Seele wohltun
Wenige Menschen
viele Schafe
reichlich Whiskey
Irland ist eine Verheißung
Und ich, der Ruhe bedürftig,
suche Flüge
nach Shannon
und buche schließlich einen
nach Rom
Weil die Insel immer
enttäuscht
die Ewige Stadt aber
nie

Das habe ich vor einigen Jahren geschrieben; die Aussage zu Irland würde ich heute relativieren, die zu Rom nicht. In der Ewigen Stadt sah ich einen Aufkleber: „Roma è magica" – Rom ist magisch, also zauberhaft. In solche

Formulierungen flüchtet man sich, wenn einem die Worte fehlen. Dafür habe ich großes Verständnis. Denn was mich an Rom anzieht, kann ich trotz vieler Wörter nicht in Worte fassen. So ist das in der Liebe! Der große Religionskritiker Friedrich Nietzsche drückte seine Haltung zu Rom einfach, aber abschließend so aus: „Rom ist kein Ort für mich, so viel steht fest." Ich variiere diesen Satz für mich so: „Rom ist mein Ort, so viel steht fest."

Für die christliche Welt ist Rom ein Ort der Wurzeln ihres Glaubens. „O Roma felix!", hebt ein karolingischer Hymnus aus dem 8./9. Jahrhundert an: „O glückliches Rom! Der Apostelfürsten Tod hat mit dem Purpur ihres Blutes dich geschmückt. Ihr großes Leben, nicht dein Ruhm und deine Macht, gibt dir den Vorrang vor den Städten dieser Welt." Heute ist mein erstes Ziel eine sakrale Stätte, wo einmal anderes Blut floss: Die Basilika *San Clemente* ist nicht nur wegen ihrer Mosaiken in der Apsis und der herrlichen Muster in den Fußböden absolut sehenswert, dort befindet sich auch ein Mithräum, ein kleines Heiligtum, in dem einmal der Gott Mithras verehrt wurde. Wer die Stufen in das dunkle und feuchte Untergeschoss hinabsteigt, sieht in einem Raum mit gewölbter Decke einen hohen quadratischen Altar mit dem Bild des Mithras, wie er einen Stier mit bloßen Händen tötet. Sein Kult war nur für eingeweihte Männer zugänglich und erfreute sich vor allem unter römischen Soldaten großer Beliebtheit. Bei Aufnahme in die Gemeinschaft der Verschworenen wurde man mit Stierblut besprenkelt. Ob es auch getrunken wurde und ob diese Bilder- und Gedankenwelt Eingang in den christlichen Glauben mit seiner Sühneopfertheologie und dem Abendmahlsverständnis gefunden hat, das ist bei den Historikern heute umstritten. Was beide aber verbunden hat: Mithras und Christus verheißen ein glückliches Leben nach dem Tod, ein wesentlicher Unterschied zur römischen Religion. Im Gegensatz zum Mysterienkult des Mithras missionierte das Christentum, vor allem stand es auch Frauen offen und war deswegen auf Dauer erfolgreicher.

Die Anhänger des Mithras hatten auch so etwas wie Sakramente, Zeichen des Glaubens. Unsere Sakramente können das Vertrauen auf Gott nähren, aber wir dürfen sie nicht absolut setzen. Dass nur Getaufte gerettet werden und alle anderen verloren gehen, wer könnte dem noch folgen? Genau diese Vorstellung hat aber in der Kirchengeschichte zu absurden Ängsten und Aktionen geführt. Die Taufe wird heute von den allermeisten zum Glück nicht mehr als Vorgang verstanden, der die Erbsünde abwäscht, sondern als Willkommensritual der Gemeinschaft der Glaubenden. Oder: Wenn die Kirche bestimmt, wer am Mahl des Herrn teilnehmen darf und wer exkommuniziert ist, folgt sie dann Gottes Zugangsbedingungen oder ihren eigenen Vorstellungen? Rituale ändern im Laufe der Zeit Form und Bedeutung, erst durch diese Flexibilität bleiben sie lebendig.

Ich trete aus der Kirche hinaus ins Freie, blinzle in die Sonne; die Glocken läuten zum Angelus, ein paar Tauben flattern auf. An einer Fußgängerampel spricht mich eine Frau an, ob ich Priester sei (ich bin schwarz gekleidet). „Pastore evangelico“, antworte ich. Da schüttet sie mir in gebrochenem Englisch ihr Herz aus: „Gibt es eine himmlische Gerechtigkeit? Zu Hause sind alle krank, niemand soll sterben, bitte! Kannst du für mich beten?“ Das verspreche ich gern und zeichne ihr mit dem Daumen ein Kreuzchen auf die Stirn – und sie mir. „Wie heißt du?“, frage ich sie, als sie sich schon zum Weitergehen wendet. „Giulia.“ In einer Kirche auf dem Weg, unauffälliger Barock, entzünde ich eine Kerze für Giulia. Gott möge diese Frau und ihre Lieben stärken und seine Nähe spüren lassen.

Um leben zu können, muss man essen. Wie ein Geschenk des Himmels ist die unscheinbare Trattoria, wo es Risotto al pecorino gibt: Ich kann zuschauen, wie der Koch heißen Reisbrei auf einen halben aufgeschnittenen Hartkäselaib gibt. Der Reis lässt den Käse schmelzen, der Koch kratzt mit der Kelle am Pecorino, der jetzt Fäden zieht. Mir läuft das Wasser im Mund zusammen und wenig später genieße ich diese Spezialität, die man wahrlich nicht als Diätspeise deklarieren kann. Um das Fett halbwegs neutralisieren zu können, braucht es eine doppelte Grappa. Jetzt ist es auch egal, ich ordere noch ein Tartufo. Satt an Leib und Seele lege ich meine Hände auf den Bauch, da fällt mir das schöne Wort „Bauchreligion“ ein. Das hat mir in meiner ersten Stelle als evangelischer Geistlicher eine reformiert geprägte Kollegin entgegengeschleudert: „Sie mit Ihrer Bauchreligion!“ Ihrer Ansicht nach war ich in Glaubensdingen zu emotional, zu wenig reflektiert, immer noch zu katholisch. Sie hat wahrscheinlich recht. Ich nutze meinen Kopf, aber ich höre auf meinen Bauch. Der signalisiert Angst, Aufregung, Ärger wie auch Zufriedenheit und Glück. Und wie Liebe durch den Magen geht, so auch der Glaube.

Der Bauch steht symbolisch für das Nicht-Bewusste, er ist der Gegenpol des Intellekts. Das Über-Ich sagt vielleicht: So solltest du empfinden … aber eigentlich fühle ich etwas anderes. Ich sollte mich für etwas interessieren, tue es allerdings nicht. Etwas sollte mir unwichtig sein, doch das Gegenteil ist der Fall. Mir sollte etwas schmecken, allein: es schmeckt mir nicht! Der Bauch lässt sich nicht so leicht hinters Licht führen. Ich kenne den Bauch als Stimmungsbarometer, von Bauchschmerzen bis zu Schmetterlingen im Bauch. Manche Entscheidung, die ich aus dem Bauch heraus getroffen habe, hat sich als goldrichtig erwiesen … allerdings bin ich damit durchaus auch auf dem Bauch gelandet.

Meine Bauchreligion hat Sensoren dafür entwickelt, wo ich in Sachen des Glaubens mitgehen kann und wo nicht. Wir brauchen zum Beispiel Gebote und Regeln … wer sich indessen an alle hält, ist mir unheimlich. Wir brauchen Strukturen, Ämter, Ordnungen, Liturgie … wer aber meint, das alles sei von Gott gewollt, der irrt. Das Heilige zeigt sich dann und wann in Raum und Zeit, aber wir können es nicht herbeizaubern.

Paulus warnt vor jenen, die nicht Christus dienen, sondern ihrem Bauch (Römer 16,18); wer seinen Bauch als Gott verehrt, endet gar in der Verdammnis (Philipper 3,19). Da hat den Apostel wieder der Eifer gepackt. Ich möchte den Bauch als Bild verstehen: Wie ich mich nach einem guten Essen wohlfühle, darf ich mich auch in meinem Glauben wohlfühlen. Obwohl ich in Sachen Religion und Theologie vieles, wenn nicht das meiste, nicht in seiner Tiefe durchschaut und ergriffen habe. Wie ich auch das Mysterium Rom goutiere, ohne alles einordnen und verstehen zu können. Alles zu wissen würde mich erdrücken. Der gelehrte Johann Gottfried Herder beschreibt seine Überforderung so: „Das älteste, alte, mittlere und neue Rom tritt nicht nur mit seinen Gegenständen in wilder, bunter, dissonanter, oft fataler Verwirrung vor die Seele; sondern indem es Ideen weckt, woher denn dies alles geworden? Woher es gekommen? Wohin und wozu es gewirkt habe? So erliegt mein armer Kopf ganz und gar, so daß ich Gefahr laufe, aus Rom unwissender zu gehen, als ich hineinkam." Im Gegensatz zu ihm stellt Hans Mollier in einem Rom-Bildband von 1955 ganz versöhnt fest: „Rom schenkt für die Zeit, die man ihm opfert, nur die Gnade eines vertrauteren Umgangs mit seinen Rätseln."

Am Nachmittag steht die moderne Kirche *Dio Padre Misericordioso* (Gott, der barmherzige Vater) im Stadtteil *Tor Tre Teste* auf meinem Programm. Die zehn Kilometer bis dorthin fahre ich mit dem Taxi. Das in einem Neubaugebiet vom jüdischen Architekten Richard Meier gebaute Gotteshaus atmet Leichtigkeit, der Raum ist lichterfüllt, nur Klarglasfenster – ein einziger großer Tabernakel Gottes. Wohltuend anders! Allerdings hat sich katholischer Pragmatismus dieser sakralen Stätte bemächtigt: Zwei große Heizpilze stehen zwischen den Bänken. Unweit der zarten mittelalterlichen Madonna findet sich eine aus buntem Kunststoff, außerdem einige große Topfpflanzen, die hier anscheinend einen Gnadenhof gefunden haben. Das sei alles unter seinem Vorgänger geschehen, versichert mir der Pfarrer. Ich bleibe noch zur Messe. Ein kleiner Bub springt wild durch den Raum, ist aber zur Wandlung geradezu auffällig still … bis ich ein Knacken und Knistern vernehme: Die Nonna (Oma) hält ihn mit einer Tüte Chips ruhig.

„Ein bisschen Heidentum nach so viel Kirchen schmeckt wie Mokka nach einem Primizmahl", spricht eine Pilgerin im urkomischen Roman „Alle Wege führen nach Rom" des Benediktinerpaters Adalbert Seipolt. Seine Erzählung aus dem Jahr 1958 beschreibt mit sanfter Ironie, wie sich bayerische Wallfahrer in der Ewigen Stadt abmühen: „Dort das Grab des Romulus, hier die Säule des Phokas, da der Tempel des Äskulap, der Bogen des Titus – Namen und Zahlen flogen den erschöpften Pilgern wie nasse Putzlappen um die Ohren, was Wunder, wenn sie, auf einer trümmerreichen Höhe angekommen, nicht mehr wussten, ob das nun der Palatin, der Esquilin, der Aventin oder die Zugspitze war. […] Selbst der Schulrätin war die Kehle eingetrocknet, sie presste nur noch schwache Ahs und Ohs heraus, raffte sich jedoch noch einmal zu einer Energieleistung auf, als sie, Ehrenvorsitzende des Tierschutzvereins, Roms abgezehrtes Symbol, die Wölfin mit lechzender Zunge herumkreisen sah, und schrie empört: ‚Das ist ein Skandal!'"

Ich habe für heute auch genug gesehen. Deswegen möchte ich nun hören. In *Gregory's Jazz Club* wird gleich eine kleine Formation aus Piano, Kontrabass und Saxophon spielen, der Saxophonist singt zwischendurch auch. Der Club ist urgemütlich, um die dreißig Leute finden Platz, eine verschworene Gemeinde. Ich sitze auf einem Sofa unmittelbar vor den Musikern, zwischen uns weniger als zwei Meter. Links neben mir trinkt Chris aus Australien einen Cocktail nach dem anderen, rechts neben mir nippt Faisal aus dem Libanon an seinem Bier, er betreibt in Ägypten eine Tauchschule. Wir kommen schnell ins Gespräch, über den Frieden in der Welt, alle Menschen sind Geschwister, und hier vereint uns nicht der Glaube, sondern der Jazz, der auf seine Art Transzendenzerfahrung zu schenken vermag. Auch das ist Rom. Die Musiker haben den richtigen Groove, und der Sound begleitet mich, als ich weit nach Mitternacht heimgehe. Die Müllabfuhr tut ihren Dienst. Gruppen junger Menschen flanieren durch die Nacht. Trotz all der Lichter der Stadt sind jene am Himmel zu sehen, sie zeugen vom Schöpfer. Ich genieße es, allein durch halbdunkle Seitenstraßen gehen zu können, und erinnere mich an ein Zitat von Carlo Levi. Levi – als Arzt, Autor, Maler und Politiker ein Allround-Genie – eröffnet seinen Roman „Die Uhr" fulminant: „Nachts in Rom scheint es, als höre man Löwen brüllen. Einem unbestimmten Raunen gleich, erfüllt der Atem der Stadt die hier und da funkelnde Finsternis zwischen den schwarzen Kuppeln und den fernen Hügeln; manchmal heiser dröhnend, wie Sirenen; als wäre das Meer nicht weit und als verließen Schiffe den Hafen auf dem Weg zu unbekannten Horizonten. Und dann dieser Laut, vage und wild zugleich, grausam und doch sonderbar sanft, das Brüllen der Löwen, in der nächtlichen Wüste der Häuser." Die lyrische Kraft dieser Worte überfordert meinen Kopf, erreicht aber meinen Bauch!

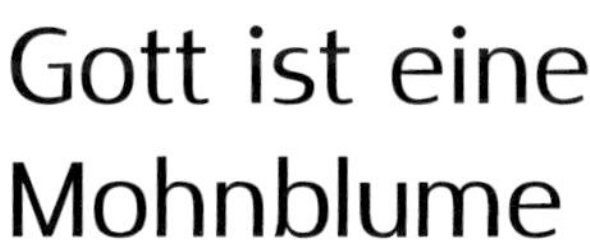

Gott ist eine Mohnblume

Meine Sprache versagt, wenn ich die Fülle dieser Schönheit in Worte fassen will: Was die *Galleria Borghese* an künstlerischem Schaffen bietet, ist unübertroffen – doch dieser Superlativ ist auch nur der armselige Versuch auszudrücken, dass es da Wunderbares zu bestaunen gibt. Denn natürlich gibt es in Rom noch viele andere Orte, deren Kunst sprachlos macht.

Der „Raub der Persephone“ von Giovanni Lorenzo Bernini betört mich immer wieder aufs Neue. Bernini war erst 23 Jahre alt, als er das Werk schuf, und vielleicht ließ ihn gerade seine ungestüme Jugend diese Szene so realistisch nachbilden: Pluto ergreift gierig und erregt das anmutige Mädchen. Eigentlich ist ein solcher Akt zutiefst verwerflich, ohne eigentlich: man muss diesen „Raub“ schlicht Vergewaltigung nennen. Dass die Frau nicht einverstanden ist, sieht ein Blinder. Aber wie Bernini diese dramatische Spannung aus dem Stein herausgeholt hat … wie Plutos Finger den Oberschenkel Persephones festhalten und ihr Fleisch nachgibt … ist das wirklich Marmor? Sagenhaft! (Übrigens: Das Werk war Auftrag eines Kardinals und Geschenk für einen Kardinal.)

Immer wieder habe ich diese Skulptur fotografiert, nein, das Wort ist überdimensioniert: mit dem Handy geknipst. Doch kein Bild kann den Eindruck vermitteln, den man als unmittelbarer Betrachter genießt. Nur im Augenblick des Anschauens erschließt sich die Fülle dieser Kunst.

Geradezu erschöpft von meinen Sinneseindrücken verlasse ich das Museum und schlendere durch den Park zur *Piazza del Popolo*. Proportional zur Berühmtheit des Platzes sind hier auch die Preise in den Gasthäusern, aber schon zwei Straßen weiter kann ich in einem Imbiss mit einem Brett an der Wand als Tisch für wenig Geld ein Stück Focaccia und ein Glas Frascati zu mir nehmen.

Es ist Juni, und morgen ist Dreifaltigkeitssonntag. Wo werde ich den Gottesdienst mitfeiern? In einer der beiden deutschsprachigen Gemeinden, katholisch oder evangelisch, damit ich der Predigt folgen kann? Oder gehe ich besser in eine italienische Messe? Meine Sprachkenntnisse reichen so eben, um mich halbwegs orientieren zu können, aber eine Ansprache verstehe ich nicht. Hätte aber auch seine Reize. Dann könnte ich in Ruhe über die Dreifaltigkeit meditieren, den Kirchenraum und die Menschen darin betrachten, still beten und mich einfach freuen, in Rom zu sein.

Welch eine Spannung, wird es mir da bewusst, während ich die zweite Auflage meines bescheidenen Mahls ordere: „di nuovo lo stesso" („noch einmal das Gleiche"); die Wirtin lacht, als sie mir ein extragroßes Stück von dem öligen Fladenbrot abschneidet und Wein in den Pappbecher nachschenkt. Beim Essen sinniere ich: Morgen feiern wir die Dreifaltigkeit, aber gerade noch genoss ich römische Mythologie. In dieser Stadt ist das kein Widerspruch, hier ergänzt sich alles zur einzigartigen Rom-Melange.

Die Dreifaltigkeit entzieht sich allem Begreifen. Zwar erwähnt die Bibel Gott als Vater, natürlich auch den Sohn und schon auf der ersten Seite den Heiligen Geist, der über dem Wasser schwebt. Aber eine Theorie der Dreifaltigkeit bietet sie nicht. Es ist Anspruch der Theologie, Vater, Sohn und Heiligen Geist in Beziehung zu setzen, zu sortieren und zu ordnen. Sie spricht von göttlichen „Personen" und mutet uns der Logik widersprechende Gleichungen zu: 1+1+1=1. Mich fasziniert dieses Ansinnen, aber ich weiß auch: Es ist doch anders. Ganz anders.

Dreifaltigkeit – ein Wort, ein Name. Dazu passen Sätze meiner aktuellen Reiselektüre. Das Daodejing (man sagt auch Tao-te-King), dem Philosophen Laozi (Laotse) zugeschrieben, ist eine chinesische Weisheitsschrift aus dem 4. Jahrhundert vor Christus. Das Dao, der Weg, ist nicht zu packen: „Wer Namen Namen sein lässt / dem Himmel vertraut / findet zur Quelle / geht mit dem Fluss / findet zum Meer", liest man da. „DAO / namenloses Nichts / aber nichts / ohne DAO." Im Christentum geben wir Gott Namen, aber sie vermögen das Geheimnis nicht zu fassen.

Ich brauche was Süßes. Auf der Suche nach einer Konditorei springen mir am Straßenrand Mohnblumen ins Auge. Wie schlicht sie sind, rot und herrlich. Da küsst mich der Geist: *Die Dreifaltigkeit, ja Gott ist eine Mohnblume!* Mohnblumen kann man nicht besitzen; sobald man sie pflückt, welken sie. Gott können wir auch nicht „besitzen", also verstehen oder definieren. Wir können Gott nur – wie die Mohnblumen – bestaunen. Uns an ihm erfreuen. Ihn loben und anbeten.

Und so führt mich mein Weg automatisch zum *Pantheon*. Für mich das ideale Symbol für einen mystischen Zugang zu dem, was wir Glauben nennen. Etty Hillesum, die junge, niederländische Frau, die Gott als den Lebendigen erfahren hat und wegen ihrer jüdischen Herkunft von den

Nazis umgebracht wurde, notierte treffend: „Doch, es gibt eine andere Wirklichkeit."

Das Wichtigste am *Pantheon* ist das, was nicht da ist. Kein Kunstwerk. Keine Worte. Durch die Jahrtausende dient es als Sinnbild dafür, dass das Entscheidende nicht gezeigt oder gesagt werden kann. Es ist auch nicht nötig. Ein Foto vermag nicht den Eindruck zu vermitteln, der sich dem unmittelbaren Betrachter erschließt. Wie beim „Raub der Persephone".

Theologen tun sich so schwer, einfach mal die Klappe zu halten; statt andächtig zu schweigen, habe ich meinem römischen Lieblingsheiligtum ein paar Verse gewidmet:

Wo nichts ist

Lästig in der Socke
schmerzend im Zahn
Ziel der Golfer
es gehört zum Emmentaler
bezeichnet aber auch
unangenehme Orte
im Weltraum ist es schwarz
Geliebt, gehasst
gebohrt, gerissen:
zufällig oder notwendig:
Das Loch –
unentbehrlich im *Pantheon*
gibt es den Weg frei
zum Himmel

TABERNA
TAKE AWAY
Cocktail

Abendmahl mit Zucchiniblüten

Der Rat, in Rom gut achtzugeben auf sein Eigentum, ist beherzigenswert. Einmal wurde ich in der U-Bahn bestohlen. Die beiden jungen Männer am Bahnsteig schienen mir schon verdächtig. Als wir einstiegen, standen wir drei an der gleichen Haltestange. Ich zählte sechs Hände, und doch ließ mich eine Ahnung in die Hosentasche greifen. Das Portemonnaie war weg: Eine junge Frau stand dicht neben mir. Ich brüllte sie aufgeregt auf Deutsch an: „Wo ist mein Portemonnaie?“ Da ließ sie die Geldbörse fallen. Ich hob sie auf, die Geldscheine waren weg. „Wo ist das Geld?“, schrie ich. Sie gab es mir. Eine skurrile Szene, vor allem, weil die anderen Fahrgäste – von denen niemand mir zu Hilfe kam – applaudierten!

Ein anderes Mal fuhr ich mit meinem Schwiegervater in einem Linienbus. Zwei Frauen stiegen ein, die eine trug ein etwa dreijähriges Kind auf dem Arm. Die Mutter knöpfte während der Fahrt ihr Kleid bis zum Bauchnabel auf, holte einen schlaffen Busen mit auffällig großer Brustwarze hervor und schob sie dem Kind, das gar nicht trinken wollte, in den Mund. Der ganze Bus verfolgte dieses Spektakel. An der nächsten Haltestelle stiegen die drei aus, der Geldbeutel meines Schwiegervaters war futsch …

Aber Diebe leben nicht nur in Rom. In Bonn wurde ich während einer Beerdigung auf dem Friedhof bestohlen – Brieftasche mit allen Karten weg! Zwei Tage später, am Sonntag, kam ich, wie häufig nach dem Gottesdienst, in mein Ristorante in Hangelar, wo die Speisen lecker sind und die Bedienung freundlich. Ich bekannte sofort: „Ich bin beklaut worden und habe kein Geld!“ Die Chefin des Hauses entgegnete: „Nehmen Sie Platz!“

Ein Werk christlicher Nächstenliebe, und tatsächlich hat Essen viel mit Religion zu tun. Unsere Urgeschichten drehen sich ums Essen: Abraham bekommt Besuch von Gott in Gestalt dreier Fremder und bewirtet sie. Ein Linsengericht verändert das Leben von Esau und Jakob. Das Volk Israel auf dem Weg in die Freiheit hungert in der Wüste und sehnt sich – nach längerer Sättigung durch fade schmeckendes Manna – nach den Fleischtöpfen Ägyptens zurück. Jesaja prophezeit eine Wallfahrt zum Berg des Herrn, an dem alle Völker willkommen sind; es werden erlesene Weine und köstliche Speisen kredenzt! Jesus speist Tausende durch die Brotvermehrung und gibt den Seinen im letzten Abendmahl das intensivste Zeichen seiner bleibenden Gegenwart: Wir können ihn leibhaftig in uns aufnehmen.

Jede Mahlzeit beim Italiener in Deutschland eröffne ich gleich: Ich streue eine Prise Salz auf ein Stück Weißbrot und kaue es bedächtig, dazu ein Schluck Wein. Brot und Wein, Symbole der Präsenz Christi, stimmen mich dankbar. Zuhause lässt mich die italienische Küche von Rom träumen.

In Rom brauche ich dann nicht groß entscheiden, wohin ich gehen soll, denn in der Ewigen Stadt – isst man italienisch! Die wahren Kenner wissen natürlich um die Unterschiede: Dort gibt es die besten Involtini (Kalbsrouladen), da muss man Merluzza al limone (Seehecht oder Kabeljau) bestellen, bei dem sind die Spaghetti Puttanesca (mit Sardellen und Kapern) einmalig. Im wunderbaren Buch „Rom. Eine Ekstase“ des Schriftstellers Hanns-Josef Ortheil findet man (neben Rezepten, die sich herrlich lesen, die ich allerdings nie zubereiten werde) Insidertipps: die *Enoteca Buccone* sei empfehlenswert, ebenso das *Gusto*, die *Osteria Margutta* wie auch *La Terverna degli Amici* oder die *Trattoria Otello alla Concordia* ... und so weiter. Ortheils Beschreibungen klingen verheißungsvoll. Doch ich bekenne: Mir schmeckt es überall.

Natürlich meide ich Touristenfallen, wo lieblose Pizzen oder labbrige Nudeln zum Einheitspreis serviert werden, eine Cola inklusive. Ich suche gern Gasthäuser auf, in denen Römerinnen und Römer sitzen. Eines zum Beispiel hat es mir angetan, hinter der *Piazza del Popolo*, dort, wohin sich Touristen nur selten verirren. Die Speisekarte ist knapp, die Tische sind klein, die Kellnerin mürrisch: Aber die einfache Pasta Cacio e Pepe (mit geriebenem Schafsmilchkäse und Pfeffer) kommt schnell und mundet, der Wein aus dem Fass könnte nicht besser sein. Ortheil schreibt, Rom sei „auch die Stadt der Erzähler, der einheimischen wie der Fremden, wie es auch die Stadt der mächtigen Esser und starken Genießer ist“. Zum Fasten ist Rom auf jeden Fall zu schade!

Essengehen ist aber mehr als Nahrungsaufnahme. Der Aufenthalt in einer Trattoria bietet dem aufmerksamen Beobachter auch unterhaltsame Einblicke in kleine Szenen, die das Stück namens „Leben“ bereithält. Umberto Saba, ein italienischer Schriftsteller (1883–1957), auf den ich in Triest aufmerksam wurde, hatte als Jude kein unbelastetes Verhältnis zu seiner Heimat, die zeitweise ja dem Faschismus verfallen war. Einmal zeigte er sich aber ganz versöhnt: „Die römische Gastwirtschaft, in der ich meine Mahlzeiten einnehme, ist einer der Orte, an denen ich Italien liebe. Es kommen schwanzwedelnde Hunde herein, und niemand weiß, wem sie gehören; nackte Kinder mit Korbflaschen in der Hand (sie holen Wein für den Papa). […] Neben mir wirft ein kleines Mädchen der Katze etwas hin und sagt zu ihr: ‚Jetzt reicht's, du schlimmes Tier, du, du würdest niemand etwas abgeben.' Die Katze macht mit dickem Schwanz einen Buckel und antwortet ihr: ‚Miau.' Ich esse allein wie der Papst, spreche mit niemandem und amüsiere mich wie im Theater." Amen, amen, so ist es, ich habe es selbst erlebt:

Der Streit des Ehepaares am Nachbartisch ist filmreif. Ich verstehe zwar kein Wort, aber die scharfen Gesten, die tödlichen Blicke, das plötzliche Aufstehen der Frau, wobei ihr Stuhl umkippt – was für eine Vorstellung! Oder die junge Asiatin, die gebannt auf den Bildschirm ihres Smartphones starrt; sie isst, ohne hinzusehen, und mir tut es leid um ihren leckeren Vorspeisenteller. Wie hingegen der Kellner um die charmante Amerikanerin scharwenzelt, sie genießt das sehr … da schwingen erotische Wellen durch den Raum. Oder der Tisch, bei dem alle um einen Priester gruppiert sind: Er spricht, alle lauschen gebannt, und als er auf die Toilette verschwindet, sieht man den Zurückbleibenden eine große Erschöpfung an. Hingegen der Tisch mit Nonnen: Da wird gekichert ohne Ende. Vor Scham möchte ich versinken, als neben mir ein Tisch mit einem Dutzend Deutschen zahlen will und unbedingt auf acht Einzelrechnungen besteht; für Italiener undenkbar. Oder wie eine Bekannte von mir einmal beim *cameriere* auf Deutsch die Bestellung aufgab: „Für mich die 27!" – Das Gasthaus: eine offene Bühne! Mehr noch: ein Ort der Begegnung.

Meine alte Freundin Marina lädt zum Abendessen in Trastevere ein. Ihr, einer Österreicherin, die selbst Kochbücher schreibt, kann man in puncto Essen nichts vormachen. Sie wählt treffsicher eine Wirtschaft aus, in der alle Erwartungen übertroffen werden. Die Benediktiner-Oblatin Marina hat auch einen südamerikanischen Pater eingeladen, außerdem ein schwules Pärchen, mir unbekannte Menschen. Wir fünf reden, essen, trinken, lachen, diskutieren. Was da alles auf unseren Tellern landet! Fünf Sterne für die *Fiori di zucchina fritti*, frittierte Zucchiniblüten. Dieses Abendessen ist auch ein Abendmahl. Über unsere Verschiedenheit hinaus (was Alter, Herkunft, Konfession, Lebensform, Sprache und so weiter betrifft) erfahren wir uns in diesen Stunden als Gemeinschaft, erleben wir „Kommunion". Ich halte einen Augenblick inne: Gott ist in unserer Mitte!

Spät in der Nacht verabschieden wir uns mit einer Umarmung. Welch ein Segen lag auf diesen Stunden der Begegnung, auf so vielen Mahlzeiten, die ich mit der Familie, in Gruppen, mit Freunden und Kollegen in Rom habe einnehmen dürfen. Welch ein Segen liegt auf jedem Essen, das ich als Geschenk des Himmels dankbar annehme, ganz gleich, wo. Eucharistie heißt Danksagung. Nicht nur in der Kirche.

Das Wunder geschieht in euch

Nur *eine* Kirche vom Kaliber römischer Kathedralen – und mein Wohnort Sankt Augustin wäre ein Wallfahrtsziel. Rom spart nicht an Sehenswürdigkeiten, ob christlich oder antik oder beides. Und dazu dieses Licht! Über allem, was ich sehe, scheint ein Weichzeichner zu liegen. Das gilt allerdings nicht für den scharfen Straßenverkehr, der für Menschen aus dem Norden gewöhnungsbedürftig ist.

In der Ewigen Stadt gibt es nicht nur Einheimische, die so bunt und vielfältig sind wie anderswo auch … wenngleich ich meine, hier seien mehr Leute chic angezogen als daheim. Welch ein Vergnügen, in der Bar zu sitzen – heute nur ein stilles Wasser mit Zitrone, aber eiskalt – und Vorübergehende anzuschauen. Ich sehe Frauen mit Einkaufstaschen, trödelnde Kinder, küssende Liebespaare, rauchende Männer und laut gestikulierende Damen am Handy, das hier „telefonino" heißt, „Telefönchen".

Jürgen Berger stellt in seinem römischen Bilderbuch fest: „Dieses unwahrscheinlich vitale und temperamentvolle Volk gehört ebenso zu den Eindrücken eines Rombesuchs wie die antiken Ruinen und die wertvollen Kunstschätze." Weniger schmeichelnd fasste es im

„Merian-Heft Rom“ von 1970 der Schriftsteller Stefan Andres so zusammen: „Die Römer waren nie anders als heute. Sie waren wohl in manchen Zeiten ärmer, unfreier, willenloser Besitz ihrer Herren; aber immer lebten sie wie heute: laut, in den Tag hinein, sinnlich, wild, trotzig.“

Dazwischen Pilger und Touristen. Die erkennt man nicht an der Hautfarbe oder einem ausländischen Gesicht, denn Menschen aller Erdteile sind hier zu Hause. Pilger und Touristen sind eher praktisch als elegant gekleidet. Häufig treten sie in Rudeln auf und laufen einem hochgehaltenen Schild oder buntem Schirm nach. Einzelreisende oder Paare bemühen sich Karten zu lesen und sind in Reiseführer vertieft. Während die durchgeschleusten Massen der Kreuzfahrtschiffe (sechs Stunden für Rom, solch ein Wahnsinn!) vom Guide zur Eile angehalten werden und die Stadt hastig durchlaufen, üben sich die anderen Besucherinnen und Besucher im gemächlichen Dahinschreiten. Der echte Römer geht einfach anders.

Aber es gibt neben Einheimischen und Gästen noch eine Gruppe Menschen, die der Stadt ein ganz eigenes Gesicht geben: die Priester und Ordensleute. Hier sind sie keine Ausnahme, sondern selbstverständlicher Teil des Stadtbildes. Auch in Bonn gibt es Kollarhemdträger (zuweilen auch mich) und Frauen mit Schwesternschleier, doch sie sind selten. In Rom fallen sie nicht auf. Selbst Bischöfe im schwarzen Anzug mit Brustkreuz oder sogar im violetten Talar sind nichts Besonderes. In Rom würde man nicht denken, dass es einen Mangel an Berufungen gibt.

In meiner aus Vor-Euro-Zeiten stammenden Erzählung „Alle Abwege führen durch Rom“ beschreibe ich folgende Szene: „Ich bestaune das Schaufenster eines Haushaltwarengeschäftes. Es stimmt, zu Hause interessiert mich sowas nicht. Aber hier faszinieren mich doch die blitzenden Espressoautomaten, Kräuterwiegemesser, Nudelmaschinen. Und wie ich gerade versuche, den astronomischen Lirepreis eines blinkenden Pfannenwenders aus Edelstahl in meine Währung umzurechnen, da sehe ich sie in der spiegelnden Fensterscheibe herannahen: Nonnen. Ein ganzer Schwarm zieht, was sage ich: *schwebt!* an mir vorbei. Engelgleich. In Zweierreihe und doch so heiter, beschwingt, wie mit leichter Hand hingerollte Murmeln. Mit hohen Stimmen piepst es in mehreren Sprachen wohlgelaunt durcheinander. Ich blicke diese Frauen unschätzbaren Alters fasziniert an, wofür ich aus manchem gottgeweihten Gesicht ein Lächeln ernte. Wie gewonnen, so zerronnen: mag die Begegnung zehn Sekunden gedauert haben? Bis sie in einer entfernten Kirche verschwinden, schaue ich den fliegenden Schleiern nach."

An den Ordensleuten aus aller Welt kann ich mich in Rom kaum sattsehen: Weiße, graue, schwarze, braune, blaue und noch andersfarbige Trachten tragen sie. Züchtig oder schlicht, mit Gürtel oder Strick um den Leib, manche mit Hut und Sonnenbrille: Trotz gleichmachenden Habits erkennt man sehr unterschiedliche Persönlichkeiten.

Ich bin dankbar für diese Menschen. Allein mit ihrem Dasein bezeugen sie: Es ist möglich, ein anderes Leben zu leben. Was die Welt uns als erstrebenswert anpreist, darauf verzichten sie um Gottes willen! Diese Schwestern und Brüder haben eine radikale Entscheidung getroffen, ihnen gilt meine Bewunderung. Mir fällt ein Lehrer meiner Schulzeit ein, den ich nicht mochte, weil er so streng war. Aber ein Satz von ihm ist bei mir hängengeblieben. Wir sprachen über das Klosterleben und er vertrat die kühne These: „Der Mönch ist der freieste Mensch überhaupt!" Erst heute verstehe ich ihn.

Ich freue mich, einige Mönche und Nonnen kennengelernt zu haben, in Deutschland, Israel und hier in Rom etwa die Benediktinerinnen oder die Pallottinerinnen, bei denen ich immer mal wieder übernachte. Sie heißen mich unabhängig von meiner Konfession willkommen.

Wie bedauerlich, dass das Klosterleben im Protestantismus fast ganz zum Erliegen gekommen ist. Es gibt ein paar kleine Kommunitäten, die auf protestantische Art und Weise ihre Berufung zu den drei sogenannten evangelischen Räten Armut, Keuschheit und Gehorsam gestalten. Aber „Kloster" bleibt im Dunstkreis der Reformation eine große Ausnahme. Gewiss, zu Luthers Zeiten waren die Zustände in vielen Ordenshäusern reformbedürftig. Doch man schüttete das Kind mit dem Bade aus, und nun fehlen der evangelischen Kirche diese Menschen, die sichtbar ganz aus ihrem Glauben leben.

Die Gründergestalten vieler Orden sind ja, unabhängig von der Kirchenzugehörigkeit, Persönlichkeiten, die etwas zu sagen haben: Die Regel des heiligen Benedikt strotzt vor Lebensklugheit (und Pater Anselm Grün hat ihre Weisheit sogar für Manager fruchtbar gemacht). Das Leben des heiligen Franz von Assisi fasziniert immer noch und dient der ökologischen Bewegung als Vorbild und Motivation. Was die heilige Teresa von Avila aufschrieb, hat heute nicht weniger Kraft als vor 500 Jahren, ganz gleich, ob sie heitere Sätze sagt („Wenn Fasten, dann Fasten, wenn Rebhuhn, dann Rebhuhn") oder tiefe Glaubenswahrheiten formuliert: „Gott allein genügt."

Meine Lektüre bei dieser Romreise ist die „Wolke des Nichtwissens" – das mystische Werk eines Autors vom Ende des 14. Jahrhunderts, dessen Namen wir nicht kennen. Er schrieb auf Englisch und war wahrscheinlich Kartäusermönch. Ich trage das Buch bei mir, wenn ich durch die Stadt wandere. Es ist sehr zugewandt verfasst, ermutigend. Und doch packt mich die Frustration, wie wenig ich von dem umzusetzen imstande bin, was der Autor freundlich verlangt: Zum Beispiel soll man dem rein geistigen Bereich immer den Vorrang geben; die Hingabe an Gott dürfe nicht emotional sein … All die frommen Übungen kann umsetzen, wer sich einzig der Gottsuche widmet und nichts anderem. Der Verfasser der „Wolke des Nichtwissens" lebte eben im Kloster, ich lebe mitten in der Welt. Manche seiner Betrachtungen scheinen mir etwas überzüchtet: Mit diesem Buch hätten die Apostel, all die Frauen und Männer, die dem historischen Jesus nachfolgten, nichts anfangen können. Dennoch: Ich übe mich ein in die Kontemplation, in Minischrittchen, um Gott zu erfahren.

Von solcherlei religiös-didaktischen Anleitungen gibt es ja zahlreiche, denken wir nur an die Exerzitien des heiligen Ignatius von Loyola. Es bleiben indes menschliche Versuche, für Gott empfänglicher zu werden. Gott selbst begegnet, wem und wann er will.

Während ich also immer noch in der Bar mein eiskaltes Zitronenwasser trinke, sehe ich auf das Handy: Rainer hat angerufen und auf die Mailbox gesprochen. Er war einmal Manager eines großen Konzerns. Religion spielt in seinem Dasein keine Rolle, soweit ich das beurteilen kann. Seit ich vor zwei Jahren seinen schwerbehinderten Sohn beerdigt habe, hat er sich nicht mehr gemeldet. Ich rufe zurück.

Er muss lachen, als ich erzähle, dass ich in Rom bin: „Das passt ja irgendwie." Nun bin ich neugierig. Rainer erzählt mir einen Traum. Der liegt schon einige Wochen zurück, lässt ihn aber nicht los. Jetzt muss er ihn mit jemand teilen; dass er mich dafür aussucht, sehe ich als Vertrauensbeweis an.

Rainer sieht, wie Leute abwechselnd von links und rechts kommen, um mit jemand sprechen zu können. Er selbst beobachtet das nur aus sicherer Entfernung. Die Leute reden zu der Person, sie hört zu, antwortet, dann gehen die Leute wieder weg. Nun steht auch Rainer in der Schlange an. Als der Mann vor ihm dran ist, hat Rainer längst kapiert (und ich auch): Es ist Jesus, zu dem die Menschen wollen! Der Mann vor ihm, Thomas, bittet ihn um ein Wunder. Und Jesus spricht: „Das Wunder geschieht bereits in euch." Rainer erwacht.

Aus heiterem Himmel sei dieser Traum gekommen, findet er. „Aus dem Himmel auf jeden Fall", stimme ich ihm zu. Ihn spontan auszulegen überfordert mich, ich bin kein Josef, der Pharaos Träume zu deuten verstand. Aber so viel habe ich verstanden: Gott sendet seine Signale nicht nur an eingetragene Kirchenmitglieder.

Wir verabschieden uns. Ich bin fast ein wenig neidisch. So ein schöner Traum. Meine Träume sind wild und seltsam, sie lassen mich ratlos zurück. Im Kloster bin ich auch nicht, obwohl mich dieses geordnete Leben und Beten anzieht, dieses Alles-auf-eine-Karte-Setzen. Ich bin nun mal in andere Zusammenhänge eingebunden: Familie, Freunde, Kirche, Gemeinde, Bücher. „Es gibt so viele Wege zu Gott, wie es Menschen gibt", sagte Joseph Ratzinger noch als Kardinal.

Dann dämmert es mir: Durch Rainers Traum richtet Jesus auch mir seine Botschaft aus: „Das Wunder geschieht bereits in euch." In mir. Ich lebe. Ich glaube. Ich bin in Rom. Das Wunder wirkt. Ich erinnere mich an einen schönen Besinnungstext meines Freundes Frank Greubel, der in seinem Buch „dennoch. brauchbare texte und gebete für heute" schreibt: „Wir werden Gott nicht finden / In den Katakomben / Unseres Glaubens / … / Wir werden Gott nicht finden / In unseren Kirchen und Kathedralen / … / Wir werden Gott nicht finden / An Sonn- und Feiertagen / … / Wir werden Gott nicht finden / Wenn wir ihn nicht suchen / In uns".

Darauf ordere ich ein sizilianisches Pistazienmousse … ein Traum! Dabei kommt mir eine selbst erlebte wahre Wundergeschichte in den Sinn: Mit einer Pilgergruppe besuche ich die *Engelsburg*. Jeder hat ein Ticket und soll es am Eingang unter den Scanner halten, damit man durch ein Drehkreuz eintreten kann. Das funktioniert aber nicht. Man ruft mich, ich solle meine segnende Hand über den Scanner halten. Wie Don Camillo, der Peppones Traktor wieder zum Laufen bringen sollte. Unter Gelächter trete ich vor, tue heiter, wie mir befohlen – und zu unser aller Erstaunen machte es „piep" und der Apparat funktioniert! Welch heiliger Schrecken erfasste mich da!

Hineingeboren

Die *Via della Conciliazione* gleicht einer Einflugschneise für Engel: schnurgerade führt sie vom Tiber zum *Petersdom*. Sie war ein Geschenk Mussolinis an den Papst. Der Faschist erhoffte sich Anerkennung durch die Kirche und erhielt sie auch. Der Duce höchstpersönlich griff 1936 zur Spitzhacke und tat medienwirksam den ersten Schlag. Denn für diese Prachtstraße mussten nicht nur vier Kirchen, sondern auch Paläste und zahlreiche Häuser abgerissen werden, der alte *Borgo Vaticano*. Obwohl nun dieser historische Hintergrund uns Heutigen unangenehm aufstößt: diese Via ist einfach bellissimo! Wie gern schlendere ich auf ihr dem *Vatikan* entgegen. Und bei jedem Besuch mache ich ein Foto von *St. Peter* aus der gleichen Perspektive, ob im Dunst des Morgens, am hellen Mittag, im orangenen Schein der untergehenden Sonne oder nachts, nur von künstlichem Licht erhellt … einfach immer wieder schöööön.

Heute jedoch biege ich ohne Plan bei nächster Gelegenheit links ab. Die Straßen der zweiten Reihe sind weniger prunkvoll, hier residieren kirchliche Behörden und andere Institutionen, die nicht in die Öffentlichkeit drängen. Zwischendurch besichtige ich ein Gotteshaus; den Namen habe ich vergessen. Barock, wie man ihn kennt. Nichts Besonderes für römische Verhältnisse. Pilger und Touristen verirren sich nur selten hierher. Frère Roger sagt einmal: „Schön sind die Kirchen, wenn man in ihnen kommen und gehen darf wie im Haus der eigenen Familie.“ In einer Kirchenbank sammle ich meine Gedanken zum Gebet, aber sie schweifen mal wieder ab. Ich betrachte Altar, Kreuz, Tabernakel, Marienstatue, Gemälde. Diese symbolisch aufgeladenen Dinge kann ich deuten – aber wie viele Menschen wissen mit all dem gar nichts mehr anzufangen?

Mir wird klar, unsere große Glaubenserzählung, heute sagen wir: das Narrativ, die Geschichte von Gott, der seinen Sohn in die Welt schickt, um uns zu erlösen – sie erreicht die meisten überhaupt nicht mehr. Die einen sind nicht mehr religiös sozialisiert worden, die anderen finden keine Verknüpfung des Religiösen mit ihrer eigenen Lebenswirklichkeit. Religion hat ein mieses Image, wird verbunden mit Doppelmoral, Druck, unangenehmen Erinnerungen. Mag sein, das Phänomen Religion ploppt noch einmal auf – zu Taufe, Erstkommunion, Konfirmation, Hochzeit oder anlässlich einer Beerdigung. Aber als daseinsprägende Kraft hat Religion für die meisten Zeitgenossen ausgedient. Religion ist nach Meinung vieler eine Art Medikament für Leute, die mit dem Leben nicht klarkommen. Darüber können auch die imposanten Bauwerke nicht hinwegtäuschen.

Für jene, die noch religiös, sogar kirchlich erreichbar sind, hat sich obendrein eine Menge Traditionsballast angesammelt, der macht den Zugang auch nicht leichter. Wer soll das alles begreifen? Muss man Theologie studiert haben, um glauben zu können? Oder behindert die Theologie gar den Glauben?

Ich bin mit einem Urvertrauen zu Gott gesegnet, das verdanke ich meiner Mutter. Sie gab mir immer das Gefühl, auf dieser Welt willkommen zu sein. Eltern sind die ersten

Götter. In das (katholische) Christentum wuchs ich hinein. Messbesuch am Sonntag, Gebet zu Hause, Teilnahme am Leben der Pfarrei, Feier des Kirchenjahres ... das alles waren so selbstverständliche Bestandteile des Daseins wie Rosinenstuten mit Butter, zur Schule gehen oder die Pflicht, abzutrocknen – wir hatten keine Spülmaschine. Es gab nicht das normale Leben auf der einen und eine religiöse Sonderwelt auf der anderen Seite. Dieses Hineingeborenwordensein lässt mich viele aufgeregte kirchliche Diskussionen der Gegenwart gelassen betrachten. Mir ist allerdings sehr bewusst: Ich gehöre einer aussterbenden Art an. Schon meine Kinder gehen ganz anders mit dem Phänomen Religion um.

Ich raffe mich auf und gehe zum Tiber. Im Gegensatz zum Rhein oder zur Donau wirkt dieser Fluss bescheiden. Er wird von meterhohen Mauern eingezwängt, weil er früher über die Ufer trat und alles überflutete – bis zur *Spanischen Treppe*, heißt es, man glaubt es kaum. Nun fristet der Tiber ein trauriges Dasein. Zwar muss ihn jeder mal überqueren, aber er wirkt wie verbannt. Um ihm näher zu sein, steige ich die Stufen hinab, die an jeder Brücke zu finden sind. Unten begegnen mir nur wenige Spaziergänger und einige Jogger. Hier campieren Wohnungslose, dort sitzt ein einsamer Angler.

Vor der Tiberinsel, wo der Fluss an Fahrt aufzunehmen scheint – durch ein paar Stufen rauscht er immerhin wahrnehmbar – gibt es die Gelegenheit, an einer Bootstour teilzunehmen. Ich gehe an Bord eines kleinen Ausflugschiffs. Wir fahren einmal bis zum *Justizpalast* und zurück, passieren also zweimal die *Engelsburg*. Das war bereits der Höhepunkt. An Bord beobachte ich ein ungleiches Liebespaar: Er Mitte 70, sie höchstens 40. Er: sehr müde, sie sprüht vor Leben. Anzügliche Gesten von ihr, ihm fallen die Augen zu.

Die Kirche hätte für diese beiden wohl nur eine Moral von vorgestern parat. Die Liebe aber „hält allem stand" (1 Korinther 13,7).

Hier unten am Fluss geht es gemächlich zu, und so ruhig. Der Verkehrslärm ist nur gedämpft zu hören. Mir wird der Tiber zum Bild für die Kirche, die immer weiter fließt und fließt … und sich nicht allzu viel um die erregten Debatten oberhalb der Mauern kümmert. Nun brauche ich eine Tomatensuppe.

Die bekomme ich überall. Aber besonders gut war sie bei Luciano. Sein Gasthaus in Trastevere musste schließen; die Raummiete war drastisch erhöht worden, er konnte nicht mehr mithalten. So gern ging ich dort essen; er beschäftigte Geflüchtete in Küche und Service. Heute treffe ich ihn zufällig auf der Straße; er sitzt vor einer Bar und redet angeregt mit anderen Männern. Er erkennt mich wieder, als ich den Namen unserer gemeinsamen Bekannten Marina fallen lasse. Ich mache ein Foto von uns beiden. Luciano ist in Rom geboren. Wie nimmt er wohl diese Stadt wahr? Ich kann über alles hier staunen. Doch wer mit dem, was Rom so einzigartig macht, groß wird – erkennt er überhaupt sein Glück? Oder sieht er die Schattenseiten, von denen ich nichts wissen will: Den Mietwucher. Die Korruption in Ämtern und Behörden. Den Streik der Müllabfuhr. Die meistens verstopften Straßen. Keine freien Parkplätze. Ja, selbst die vielen Fremden mögen den Römerinnen und Römern auf die Nerven gehen. Luciano bereitet jetzt in einem Hotel in der Nachbarschaft jeden Morgen das Frühstück für die Gäste zu; es muss ja weitergehen. Er empfiehlt mir eine Trattoria in der Nähe. Dort gibt es zwar keine Tomatensuppe, aber ein herzhaftes Spinat-Omelett. Und Stoffservietten!

„Mein Rom. Die Geheimnisse der Ewigen Stadt" heißt ein Buch des Vatikan-Journalisten Andreas Englisch. Darin berichtet er von Erkundungen in Rom, die er gemeinsam mit seinem Sohn Leonardo unternimmt. Zwischen Vater und dem jugendlichen Sohn entwickeln sich bisweilen heiße Diskussionen, wie jene um die unterschiedliche Herkunft der beiden. Leonardo hält seinem Vater vor, aus einem ziemlich hässlichen Ort in Deutschland zu stammen, nämlich aus Werl in Westfalen: „Aber ich komme nicht aus so einem Kaff wie du, ich bin hier geboren. Ich komme aus Rom. Wenn du mal wieder irgendwem sagen musst, dass du aus Werl bist, was fragen dann Leute? Die fragen: Wo zum Henker liegt das denn? Aber wenn sie mich fragen, dann sage ich, dass ich aus Rom komme, und schon ist alles klar. Du bist nur ein Provinztyp gewesen, der in Rom aus dem Staunen nicht mehr herauskam. Das ist doch die Wahrheit."

Wahrheit ist natürlich ein großes Wort. Aber es stimmt: Wir Deutschen sind alle – was Rom angeht – Provinztypen. Exemplare wie ich, die immer noch und immer wieder neu von Rom beeindruckt sind, gibt es zuhauf. Manche bilden sich ein, weil sie oft dort waren oder Wissen über Rom erworben haben, sie wüssten Bescheid. Mag sein, das gilt für Jahreszahlen oder Biographien von Kaisern, Künstlern oder Päpsten. Solche bekommen auch in Rom Geborene nicht vererbt, sondern müssen sie erlernen.

Aber Rom ist doch mehr. Friedrich Christian Delius lässt in seiner Erzählung „Bildnis der Mutter als junge Frau" seine Protagonistin feststellen, sie sei frei bei dem Gedanken „nicht mitreden zu müssen in den Gesprächen mit all den netten Deutschen, die so gut Bescheid wussten über Rom, die sich auskannten und sich gegenseitig Empfehlungen gaben … und ihre feste Meinung über Rom und die Römer, über Italien und die Italiener zu haben schienen und die alle so taten, als hätten sie den Schlüssel gefunden und das Rätsel Rom gelöst". Zwar spielt die Geschichte 1943, aber diese Gattung der Rom-Kenner stirbt nicht aus.

Rom bleibt ein Rätsel. Ein Geheimnis. Je öfter ich hinfahre, je mehr ich über die Stadt lese, desto größer wird es mir. Da fällt mir auf – übrigens bin ich mittlerweile bei einem Zitronensorbet angelangt –: Mit Gott geht es mir genauso.

In der Ewigen Stadt besuche ich, wenn ich allein reise und niemand etwas zeigen muss, keine Sehenswürdigkeiten mehr. Sie sind alle da, wie schön, ich weiß sie an ihrem Platz. Aber ich muss nicht mehr ins *Kolosseum*. Ich brauche nicht mehr die so genannten Highlights abklappern. Lieber flaniere ich ohne festes Ziel durch Straßen und über Märkte, gehe zufällig in diese Kirche oder jenes Geschäft, am besten dort, wo ich bisher noch nicht war. Nur der *Campo di Fiori* muss immer sein, weil es nur dort und sonst nirgendwo auf der Erde diese kandierten Orangenscheiben gibt, für die ich Gott weiß was tun würde.

Gott weiß ebenso: Es ist gut, dass es all die religiösen Symbole gibt, seien es die Gotteshäuser dieser Stadt, angefüllt mit Altären, Kreuzen, Statuen, all die Rituale, geistliche Amtsträger, Feiertage, dogmatische Aussagen und so weiter. Doch das Mysterium selbst ist von anderer Art.

Ich bin zwar nicht in Rom geboren, aber ins Universum des Glaubens hinein. So bin ich überall zuhause. Und überall fremd. Ich stamme nicht von hier. Unser Dasein ist eine Durchreise. Ein Zwischenhalt. Dieser Planet ist ein Exil. Unsere Heimat, sagt Paulus, ist der Himmel (Philipperbrief 3,20).

Beim Bezahlen am Tresen leiste ich mir noch eine Baci-Praline. Diesem kurzen Traum aus Schokolade und Nüssen ist jeweils ein Spruch zur Liebe beigefügt. Ich erwische einen der Mystikerin Teresa von Avila – bei Süßigkeiten in

Deutschland doch undenkbar! Der Satz drückt lyrisch ihren leidenschaftlichen Zugang zum Glauben aus … ja, so zu glauben, das wär's: „Vom sanften Jäger verwundet, ergab sich die Seele den Armen der Liebe.“ Mhmmmm.

Einen Zentimeter Luft

Was für ein strahlender September-Morgen! Der Tag lächelt mich an, ich lächle zurück. Am *Largo Argentina* sehe ich einen Obdachlosen, der sich rasiert. Dem Mann gebührt mein Respekt; wenn auch sein Leben aus der Spur geraten ist, er gibt sich nicht auf. Der alte Herr lächelt mich an, ich lächle zurück. Auf einer ruhigen Nebenstraße Richtung Tiber spricht mich von hinten jemand höflich mit „Scusi, Signore" an. Ich drehe mich um: Mit kurzem Abstand fährt eine junge Dame im offenen Sportwagen hinter mir her – ein Elektro-Auto, ich habe keinen Ton gehört! Lächelnd trete ich zur Seite, lächelnd rollt die Signora an mir vorbei, geräuschlos. Und als ich an einem Zebrastreifen der quietschenden Straßenbahn den Vortritt lasse, tippt sich der Tramführer an die Mütze und schenkt mir ein Lächeln, das ich gern erwidere.

Es ist noch vor neun Uhr, jetzt kommt man noch ohne lange Warteschlange in den *Petersdom* hinein. Ich suche ihn nicht bei jeder Romreise auf, doch ab und zu brauche ich seine überbordende Fülle, wie mich manchmal nach einem Stück Buttercremetorte verlangt. Als ich *St. Peter* als Jugendlicher zum ersten Mal betrat, war ich enttäuscht – hatte ich doch erhofft, den Vorhof des Himmels betreten zu können. Damals wähnte ich mich im Getümmel der Menschen eher auf dem

Kölner Hauptbahnhof. Doch wenn wie jetzt noch nicht so viele Leute da sind, ist die Weite dieses Raumes ein unglaublicher Genuss. Ich atme tief ein und aus und ein und aus … Der barocke Überschwang entspricht nicht meinem Geschmack. Wer aber in die größte Kirche der Welt eintaucht, in ihre helle Farbigkeit, der fühlt sich keineswegs klein – wie etwa in meiner Heimatkathedrale, dem Kölner Dom, der durch seine dunkle Strenge Respekt einflößt. Die römische *Peterskirche* lässt den Einzelnen an ihrer Größe teilhaben. Dadurch hat sie etwas Göttliches: Auch der Schöpfer will uns nicht erniedrigen, sondern erhöhen. Einen Vorgeschmack darf ich also tatsächlich an Ort und Stelle kosten. Menschen haben dieses Bauwerk errichtet und mit all seinen Kunstwerken und Schätzen ausgestattet. Wozu unsereins fähig ist, ein Wunder!

Wieder draußen spaziere ich zur *Porta Sant'Anna*. In der Umgebung dort gibt es, wie auch in der Nähe des *Pantheons*, einige Geschäfte für Kirchenbedarf. Ich liebe es, die Schaufenster zu bestaunen oder in den Läden zu stöbern. Da gibt es zum Beispiel Kreuze aus Holz, Metall, Glas, zum Aufstellen, Aufhängen, Umhängen, Anstecken. Heiligen- und Krippenfiguren, von daumengroß bis lebensecht. Kerzenleuchter in allen Größen. Weihwasserbecken. Sogar Altäre und Tabernakel. Ebenso Weihrauchfässer, Monstranzen, Kelche aus Gold, Silber, Messing oder Keramik. Taufschalen. Trauringtabletts. Soutanen. Messgewänder in allen Farben. Stolen. Alben, Rochetts, Zingula. Käppchen (in der Fachsprache: *Pileoli*) in Schwarz, Violett und Rot; der Absatz an weißen – dem Papst vorbehaltenen – ist doch sehr überschaubar. Mitren und Bischofsstäbe, auch Hostien, Öle und überhaupt alles, was man für Kirche und Liturgie so braucht.

Mein Bedarf als evangelischer Pfarrer tendiert bei den meisten angebotenen Artikeln gegen null. Manche Dinge könnten durchaus in meiner Gemeinde Verwendung finden, aber der katholisch-italienische Geschmack ist für deutsches, obendrein protestantisches Empfinden meist zu kitschig. Die wenigen Sachen, die mir gefallen, in klarem, ja puritanischem Design, sind mit Abstand die teuersten und für mich unbezahlbar. Was ich aber von jeder Romreise mit nach Hause bringe, ist ein neues Kollarhemd. Hier ist die Auswahl spitze.

In Deutschland ist man als Kollarhemdträger ein Exot, aber immerhin gleich als Geistlicher erkennbar. Das hat seine Vorteile: Im Krankenhaus brauche ich nicht erst erklären, warum ich außerhalb der Besuchszeit komme, man lässt mich ein. Auch bei Gefängnisbesuchen vereinfacht mir der Kragen lange Erklärungen; es ist klar, hier kommt jemand in seiner amtlichen Funktion als Seelsorger, nicht als Privatmensch. Die Erkennbarkeit als Amtsträger erleichtert es auch Fremden auf der Straße, mich anzusprechen. Dadurch sind schon interessante Gespräche entstanden – auch wenn manche von denen, die mich angesprochen haben, am Ende nur ein wenig Geld wollten.

In einen dieser Kirchenbedarfsläden trete ich ein. Mit meinem schlichten Italienisch versuche ich zu erklären, dass ich ein schwarzes Hemd kaufen möchte. Da die Verkäuferin skeptisch schaut, zupfe ich am Hemd, das ich am Leib trage. Sie fragt – zur Sicherheit auf Englisch – nach meiner Hemdengröße. Ich nenne sie, ernte aber nur ein Grinsen; sie meinte die Kragenweite. Ich muss mich beugen, sie misst mit einem Maßband meinen Halsumfang ab, ich habe das Gefühl, keine Luft zu kriegen, und bitte um einen Zentimeter mehr. Nun lächelt sie gütig.

Beim Bezahlen fällt mein Blick auf eine liturgische Mappe, auf der in goldenen Buchstaben *IHS* steht. Der Theologe in mir weiß: Das sind die ersten drei Buchstaben des griechischen Wortes für Jesus. Sie werden gern als Abkürzung verstanden für das Lateinische Iesum Hominum Salvator – Jesus Erlöser der Menschen, oder, wie ich als Kind gelernt habe: Jesus Heiland Seligmacher. Der Rheinländer in mir aber muss an Pastor Schlösser denken, einen ehemaligen Priester meiner katholischen Wohnortgemeinde. Von ihm erzählt mein Freund Rhaban, er habe *IHS* schmunzelnd interpretiert als: „Ich heiße Schlösser". Würde mit meinem Nachnamen übrigens auch gehen. Das aber kann ich leider weder auf Italienisch noch auf Englisch mit der freundlichen Bedienung teilen.

Mit dem neuen Hemd in der Tragetasche suche ich eine Konditorei auf, denn mich verfolgt noch der Vergleich des *Petersdoms* mit einem Stück Buttercremetorte; allein das Stichwort hat mein Gehirn getriggert. Eine gediegene Caféhauskultur wie in Wien gibt es in Rom zwar nicht, vereinzelt jedoch sehr ansehnliche Pasticcerien mit einer stattlichen Auswahl an Kuchen und Torten. Wähle ich die grün-glänzende Marzipanhalbkugel oder die fette Mokkaschnitte? Den Zentimeter Luft mehr am Kollar gleiche ich durch einen weniger am Hosenbund aus und gönne mir beide Dolci. Dazu Cappuccino, Spremuta und stilles Wasser. Das muss allerdings als Mittagessen und Kaffeetrinken zusammengerechnet werden.

Ich schmökere in der Lektüre, die ich bei mir trage, und finde eine passende Stelle in Luise Rinsers „Septembertag", einer römischen Novelle von 1964, die ich immer wieder gern zur Hand nehme. „Die Ruhe des Septembertages ist nicht Schwäche, sondern Weisheit", hieß es in einer Rezension der Stuttgarter Nachrichten. Wie wahr, wenn auch mein heutiger Septembertag anders aussieht, ich genieße römische Selbstgenügsamkeit. Die Rinser beschreibt eine Szene umwerfend schön. Der Verkäufer ihrer Bäckerei begrüßt sie sonst jeden Morgen fröhlich, aber heute hat er ganz verweinte Augen: „Ich frage ihn, ob ihm jemand gestorben sei. Der Italiener will gefragt werden nach seinem Kummer. Aber mein Bäcker winkt müde ab. Die Kassiererin flüstert mir zu: ‚Seine Schwester ist sitzengelassen worden von ihrem Verlobten.' Ich flüstere zurück: ‚Ist sie schwanger?' – ‚Nein, das nicht, aber sie liebt ihn doch so.' Und deshalb hat der Bruder die Nacht durch geweint. Wäre er ein Sizilianer, hätte er den Treulosen erstochen oder es durch die Mafia, saubere prompte Bedienung, ehestens besorgen lassen. Aber ein Römer vom Testaccio, der tötet nicht, der weint." Ich leide mit dem Bäckereimann, auch ich bin eine Memme, hätte nicht das Zeug zum Töten, obwohl auch ich manchmal denke: Wie gut, dass ich jetzt keine Waffe dabeihabe.

Unsere christliche Moral hat uns die Aggression nicht aberziehen können. Sie wurde nur verdammt, nicht besiegt. Wir sind Menschen geblieben. Christinnen und Christen führen dauernd die Liebe im Munde, das Böse muss sich Ventile suchen. Und findet sie! Wir sind keine besseren Menschen. Luise Rinser, die große Schriftstellerin, befindet über den Bäcker zutiefst ehrlich: „Was kann ich dafür, daß ich ihn ein bißchen verachte, nicht mit dem christlichen Verstand, das nicht, aber in einer dunklen mächtigen Schicht meines Wesens, die ich mit ebenso dunklem, befriedigtem Staunen betrachte."

Einmal war ich mit meinen Schwiegereltern in Rom. Nach dem Abendessen in Trastevere ein Taxi zu finden, das uns in die Unterkunft bringen würde, war schwer. Mehrere konnte ich heranwinken, doch sie hielten erst ein paar Meter weiter an, und jedes Mal war vor uns jemand anders hineingeschlüpft. Einem Taxi, in das wieder einmal Fremde eingestiegen waren, gab ich beim Anfahren verärgert einen Klaps.

Da hielt es abrupt an, der massige Fahrer stieg aus und kam laut schimpfend auf mich zu. Ich hob abwehrend die Hände: „Scusi, scusi!“ Er schleuderte mir noch ein paar wilde Flüche entgegen und drehte ab. Da erst wurde ich gewahr, dass mein Schwiegervater mit einem Holzstock (den er irgendwo herhatte) neben mir stand. „Ich hätte eingegriffen“, beteuerte er, was rührend hilflos erschien, aber auch wohltuend solidarisch war. Einer Rauferei in Rom bin ich also entkommen. Eigentlich schade.

Der Römer weint, schreibt Rinser. Der Römer in mir kennt viele Gründe zu weinen. Über erschütternde Schicksale, die ich aus Familie und Gemeinde kenne. Über den Zustand der Welt, die im Chaos zu versinken scheint. Über meine eigene Unzulänglichkeit, die mich beschämt. Und doch lebe ich aus dem Vertrauen: Am Ende macht Gott alles gut. Und mich nimmt Gott an, wie ich bin. Rom auch. Besonders in dieser Stadt öffnet sich mein Herz für all das Schöne und Wunderbare, das mir vom Leben geschenkt wird. Alle Gründe, dankbar zu sein, fallen mir hier ein. Ich kann lächeln und lachen. So schon auf dem Hinweg dieser Reise: Mein Sohn brachte mich mit dem Auto zum Flughafen. Er sah nicht gut aus, wirkte erschöpft, irgendwie kaputt. „Du siehst elend aus“, sagte ich zu ihm. Er saß am Steuer, sah geradeaus: „Ich habe die Nacht kaum geschlafen.“ Bestürzt fragte ich: „Junge, bist du krank? Oder hast du ein Problem?“ Er blieb still. Was ist denn los, allmächtiger Gott, dachte ich. Dann legte er seine Hand auf mein Knie, wandte mir kurz sein Gesicht zu und sagte nur lächelnd: „Alles in bester Ordnung.“ Es ratterte kurz in meinem Hirn: „Du bist verliebt! Halleluja!“ Mein Sohn strahlte glücklich. Diese Freude begleitet mich bis nach Rom. Ich sende ihm ein Foto von der Mokkaschnitte … die Marzipanhalbkugel habe ich schon vertilgt,

Kalorien für die ganze Woche, aufgenommen innerhalb weniger Minuten, ein Wahnsinn.

Mit einem Freund, der noch größere Größen braucht als ich, wollte ich einmal in Rom Hosen kaufen. Die Verkäufer verschiedener Geschäfte musterten ihn mit gebotener Höflichkeit, schickten uns aber weg. Einer gab uns immerhin einen Tipp für einen kleinen Laden, wo uns eine junge Frau eine große Auswahl an Hosen in passenden Größen präsentierte. Sie erklärte: „Die kommen aus Düsseldorf!" – Dafür fährt man nach Rom!

Den ganzen sympathischen Wahnsinn dieser Stadt bringt ein Witz zum Ausdruck, den sich Katholiken gern erzählen. Er beweist bei aller Enge, die manchmal die hiesige Hauptreligion auszeichnet wie ein zu enger Hemdkragen, wegen dem man um Atem ringt, dass es dennoch diesen Zentimeter Luft gibt, der Leben ermöglicht. Sehr menschlich. Sehr göttlich. Also, hier eine der vielen Varianten: Im Himmel möchte man einen Betriebsausflug machen. Alle steuern Vorschläge bei, wohin es gehen könnte. „Wie wäre es mit Fatima?", fragt Gottvater. „Bitte nicht", wehrt die Gottesmutter ab, „da wollen alle was von mir." Maria schlägt Jerusalem vor. Diesmal lehnt Jesus ab: „Daran habe ich keine guten Erinnerungen. Was haltet ihr von Rom?" Da klatscht der Heilige Geist in die Hände und ruft: „Super Idee, da bin ich noch nie gewesen!"

Lebendige Monstranz

Sie ist schon ein Luxus, die Einzelkabine des Nightjet mit Dusche und Toilette. Für rund 14 Stunden miete ich mich hier ein, während der Zug von München aus die mehr als 900 Kilometer durch die Alpen nach Italien ruckelt. Um kurz nach 20 Uhr geht's los. Ich kann lesen, telefonieren, beten und dann gemütlich in einem echten Bett schlafen. Allerdings ist so ein Abteil nichts für Leute, die auf engem Raum Beklemmungen bekommen.

Diese langsame Art zu reisen war die normale, bevor Flugtickets für alle erschwinglich wurden. Heute schenkt sie ein gutes ökologisches Gewissen – und der Seele genügend Zeit, damit sie dem Körper nicht hinterherhinkt. Im Sommer ist diese Fahrt besonders reizvoll, wenn es lange hell ist und man am Abend erst die Landschaften in Bayern und Österreich genießen kann und am Morgen dann Norditalien durchquert. Jetzt aber, Ende November, ist es draußen bereits dunkel, als ich einsteige. Zuvor habe ich noch ein Stündchen mit Uwe in einem Gasthaus in Bahnhofsnähe gesessen. „Was machst du so oft in Rom?", begehrt der Freund zu wissen. Ich weiß nichts anderes zu antworten als: „Ich hoffe immer, dort mich selbst zu finden." Das gelingt mir auch … doch verliere ich mich wieder, sobald ich daheim bin. Wie ich auch wieder vergesse, dass man die Gleise liegend intensiver spürt: Es rumpelt und pumpelt im gleichmäßigen Rhythmus … Nur fünf Stunden Schlaf sind mir gegönnt, doch am Morgen versöhnt mich ein wunderbares Frühstück, das mir gewissermaßen aufs Zimmer gebracht wird. Wohlig gestärkt steige ich aus: *Roma Termini*!

In München lag Schnee, hier scheint die Sonne. Dieses Licht! In Rom ist jetzt weniger los als zwischen Mai und Oktober, aber voll ist die Ewige Stadt immer, nur manchmal noch voller. Mein erster Weg führt in die nächstbeste Kirche, die Basilika *Santa Maria degli Angeli e dei Martiri* an der *Piazza Repubblica*. Ich will Gott danken, hier sein zu dürfen. Doch Bauarbeiter machen einen Riesenlärm, ein Gerüst wird aufgebaut. So weiche ich in die Basilika *Santa Maria Maggiore* aus und erwische gerade noch den Segen der Messe am Fest des hl. Andreas.

Der erste Gottesdienst, der erste Spaziergang jeder Reise, der erste Blick auf *St. Peter* wie auch das erste Essen, das erste Glas Wein – darin liegt der besondere Charme des Ankommens, auch wenn ich schon so oft habe ankommen dürfen. Heute fällt mir auf, wie viel hektischer der Straßenverkehr ist als in Bonn, aber er fließt elastischer. Vielleicht besteht hier nicht jeder auf seinem Recht? Ich sehe aber auch die vielen Obdachlosen, die erbärmlich am Gehsteig hocken; welch krasser Widerspruch zu dieser reichen Stadt! Richtung Trastevere gehe ich über Kopfsteinpflaster, habe immer wieder Treppen zu bewältigen. Für alte und behinderte Menschen ist es nicht leicht, voranzukommen. Am Straßenrand liegen abgesägte Bäume in Stücken, durch ein Flatterband abgesperrt. Am Zustand der Vermoderung kann ich erahnen, dass das Holz dort schon lange liegen muss. Auf dem Weg vor mir finde ich einen zusammengerollten 5-Euro-Schein. Ich hebe ihn auf: Es sind sogar vier! Sie werden jemand aus der Tasche gefallen sein, doch momentan ist da niemand. Dieses Geld werde ich Bedürftigen geben. Der erste ist der Mann, der vor der Eckbar am Kloster die Kreuzung fegt und um einen Euro bittet. Dass es gleich fünf sind, macht seine Augen weit und dankbar.

Zu Mittag – ich kann noch draußen sitzen, wenn auch mit Jacke – wird mir eine Fischsuppe kredenzt: mit Barsch, Krabben, Muscheln und anderen Meeresfrüchten. Augenblicke der Versöhnung mit dem Dasein. Ich schließe die Augen.

Süßer Klang

Geheul von Martinshörnern
Das Schreien liebestoller Katzen
Autogehupe und Handygepiepe
Mütter rufen ihre Kinder herbei
Jemand übt Saxophon
Radiogeplärre
Die Motorroller dröhnen
über die Straßen
Glockengeläut

Eine Mittagspause in Rom

Nach einem Schläfchen in meiner Klosterstube mache ich mich wieder auf den Weg; durch lange Spaziergänge versuche ich die Kalorien loszuwerden, die ich hier anhäufe. Durch Zufall – wenn es ihn denn gibt und nicht alles göttlicher Fügung unterliegt, was mir mal absurd, mal plausibel erscheint – stoße ich auf ein Museum, das mir vorher noch nie aufgefallen ist. Vielleicht ist es neu; in Rom öffnen und schließen Ristoranti, Museen, Läden am laufenden Band. Im *Museo de la Luce* (des Lichts) werde ich gefragt, ob ich die Ermäßigung für Senioren in Anspruch nehmen will. Die Dame hinterm Tresen meint es gut, und als ich sage, dazu sei ich noch zu jung, entschuldigt sie sich wortreich. Giorgia, eine junge Frau, die mal in Stuttgart studiert hat, spricht deutsch und gibt mir eine Privatführung. Da gibt es phantastische Sinnestäuschungen: Ich nehme auf einer Sitzfläche mit Rückenlehne Platz, die auf dem Boden steht. Rund eineinhalb Meter davor befinden sich die Stuhlbeine. Giorgia macht zwei Schritte entfernt mit meinem Handy ein Foto, so dass der Stuhl ein Ganzes bildet – und ich wie ein Zwerg erscheine. Keine Zauberei, sondern eine Sache der Perspektive – eben des Lichts! Einfache Experimente verblüffen: Ist das vor mir liegende gelbe Plastikbrettchen größer als das weiße, das dahinter liegt? Ich bejahe, man sieht es ja … bis Giorgia die Brettchen tauscht, und jetzt natürlich das weiße größer erscheint als das gelbe. Durch Schatten oder einfarbiges Licht, das die anderen Farben schluckt, wird mir klar: Die Dinge sind nicht so – sondern ich nehme sie so wahr. Eine Erkenntnis für mein Leben und meinen Glauben. „In deinem Licht sehen wir das Licht“ heißt es mystisch in Psalm 36,10.

Nur wenige Schritte neben dem Museum lasse ich mich in der Kirche *Il Gesù* nieder und feiere die Abendmesse mit.

Es sind nicht viele Menschen da. Als alle zur Kommunion gegangen sind, auch ich, und der Priester die restlichen Hostien bereits zurück in den Tabernakel gebracht hat, eilt mit schnellen Schritten eine Frau nach vorn. Der Priester nickt, geht noch einmal zum Tabernakel und reicht der Gläubigen das Brot des Lebens.

Nach dem Segen wird das Allerheiligste in einer Monstranz auf dem Altar ausgesetzt, eine stille Meditation. Ich trage den Leib des Herrn in meinem Leib. Ich selbst bin zu einer lebendigen Monstranz geworden, aus Fleisch und Blut. Die goldene zeigt eine weiße Oblate; ein schimmerndes Licht. Was zeige ich der Welt? Dass mich das göttliche Geheimnis erfüllt? Leuchtet Gottes Licht durch mich hindurch? Oder zeige ich durch religiöses Geplapper nur meine Zweifel und meine Zerrissenheit?

Uwes Frage geht mir nach, was ich in Rom suche. Ja, mich selbst … aber eben auch Abstand zu den Schwierigkeiten zu Hause, den Belastungen der Arbeit, den Bedrückungen des Daseins auf dieser Erde. Eine Art Flucht? Ablenkung und Verdrängung sind an sich nicht verwerflich; ich kann hier einfach Atem holen und Kraft tanken. Gott ist hier nicht näher als im Rheinland, aber ich bin offener für Gott. Das Zuhause holt mich dann doch ein, durch Nachrichten auf dem Handy: Die ist krank, der ist gestorben; jene hat ihren Job verloren, jener hat Liebeskummer; hier braucht jemand Rat, dort ist ein Mensch verzweifelt, weil alles so ist, wie es ist. Ich trage das alles vor den Herrn, der sich unseren Leiden aussetzt.

Den nächsten Tag beginne ich mit der Messe im Kloster der Benediktinerinnen. Globalisierung konkret: Von den 20 Ordensfrauen scheint mir nur eine Handvoll Europäerinnen zu sein. Nonnen afrikanischer oder asiatischer Abstammung bilden die Mehrheit. Ist ihr Gesang auch schwach, ihre Treue ist stark: regelmäßig beten sie morgens, mittags, abends und nachts. Wie gut, dass es sie gibt.

Heute, am Samstag vor dem ersten Advent, besuche ich den Weihnachtsmarkt der deutschen evangelischen Gemeinde. Der bietet nämlich an, was es sonst in Rom nirgendwo gibt: Adventskränze. Der Adventskranz ist ja eine deutsche und protestantische Erfindung, den Brauch kennt man in Italien nicht. Den allerersten Adventskranz gab es 1839 (damals noch mit 24 Kerzen) im Rauhen Haus in Hamburg, einer diakonischen Einrichtung für Waisenkinder, die auf den Theologen, Pädagogen und Sozialreformer Johann Hinrich Wichern zurückgeht.

Die Ehrenamtlichen der evangelischen Gemeinde in Rom binden in den Wochen vor dem Weihnachtsmarkt über 200 Adventskränze! Der Erlös des Verkaufs kommt der Diakonie der Gemeinde zugute. Zu den Kunden zählen vor allem Deutsche, Konfession spielt keine Rolle, auch in der Kirche auf dem Campo Santo hängt ein solcher Kranz.

Heute wird in der Gemeinde deutsches Essen angeboten, und so esse ich hier, was ich sonst in Rom nie essen würde: Thüringer Rostbratwürstchen, Kartoffelsalat und Kassler, dazu trinke ich ein Bier. Selbstverständlich sind auch Christstollen und Waffeln im Angebot, selbstgemachte Marmeladen, es gibt Tombola und Flohmarkt – eben ein Gemeindefest, wie es irgendwo in Deutschland stattfinden könnte. Die englische Dame mir gegenüber am Kaffeetisch im Gemeinderaum trägt einen gerade erstandenen Strohhut, daran baumelt noch das Preisschild: 5 Euro. Darauf von mir aufmerksam gemacht, gibt sie schlagfertigt zurück: „Alle sollen sehen, was ich mir leisten kann."

Nach allem, was ich zu mir genommen habe, muss ich viel laufen. Quer durch die Stadt über die *Piazza Venezia*, vorbei an der „sprechenden Statue“, die zu mir sagt: „Ich war schon da, bevor du kamst, und ich werde noch da sein, wenn du nicht mehr bist.“ Amen, so ist es. Das Nationaldenkmal wird von Möwen umschwirrt, obwohl das Meer rund 30 Kilometer entfernt ist. In der Nähe des *Forum Romanum* befindet sich der *Palazzo Caffarelli*, der früher einmal die preußische Gesandtschaft beherbergt hat und heute ein Museum ist. Da und dort beglücke ich Bettler mit einem 5-Euro-Schein, und als die gefundenen aufgebraucht sind, nehme ich von meinen. Ich schreite durch den *Circus Maximus*, wo diesmal keine Ausstellungen und Festivals stattfinden; eine große, freie Fläche tut sich auf, historischer Grund, auf dem Wagenrennen stattfanden. Hier habe ich vor vielen Jahren einmal mit jemand gestritten, der mir nahesteht; Rom ist eben noch nicht das Paradies, hier holt uns das Leben ein, wie es auch sein kann. Die Vorabendmesse feiere ich in der *Anima* mit, der katholischen deutschen Gemeinde nahe der *Piazza Navona*. Auf dem Platz ist ein bescheidener Weihnachtsmarkt aufgebaut.

Ochsenschwanzragout in einem kleinen, feinen Gasthaus zum Abendessen, als Dessert Crème brulée mit Orange und Cognac – es gibt viele gute Gründe, nach Rom zu fahren. Eine Nicaragua-Zigarre im Coronaformat schmauchend ziehe ich spät den Tiber entlang heim. Drei ziemlich angeschickerte junge Frauen torkeln mir entgegen. Eine von ihnen grinst mich an und sagt: „Oh Sünde, Padre!“ Ich segne sie insgeheim. Kurz bevor ich mein Kloster erreiche, schwebt auf dem Platz vor *Santa Cecilia* eine kleine weiße Feder direkt vor mir nieder, als gäbe mir Gott einen Kuss. Mit Andacht hebe ich sie auf. Ein Liebesbeweis, den ich in meinem Stundenbuch aufbewahre. Ich möchte mit meinem Dasein zeigen: Gott ist eine Wirklichkeit, die unsere ganze Existenz in einem anderen Licht erscheinen lässt.

„Macht hoch die Tür“, die Nummer 1 im Evangelischen Gesangbuch, singe ich im Gottesdienst der deutschen Protestanten am ersten Advent. Deren Christuskirche verfügt übrigens über das gleiche Geläut wie einst die Schlosskirche zu Wittenberg; zwei von deren Glocken wurden allerdings im Ersten Weltkrieg eingeschmolzen und zu Munition verarbeitet. Wer also das Geläut der evangelischen Mutter aller Kirchen hören möchte, muss nach Rom reisen.

Ein Taxi bringt mich anschließend zum Flughafen. Mit dem Fahrer komme ich ins Gespräch: Ja, er kennt Colonia, den Dom und das Bier. Ob ich Priester sei? Nein, Pastore Lutherano. Und ungefragt füge ich hinzu: „Ich habe zwei Kinder!“ Der Mann klatscht in die Hände – wir fahren mit Tempo 100 über die Autobahn, man muss hierzulande viel Vertrauen mitbringen. Ich frage, was er von Papst Franziskus halte, er kommentiert schnörkellos: „Guter Mann.“ – Ach, Rom, du bist ein herrliches Konglomerat aus Stimmungen, Eindrücken und Genüssen. In deinem Licht sehe ich das Licht.

TTA FRES
Modi

Was spricht der Mund der Wahrheit?

Auf dem *Campo de' Fiori*, dem „Blumenfeld", findet täglich ein Markt statt. Die Einheimischen kaufen hier Obst, Gemüse, Käse und Wurst ein. Für die Touristen gibt's Gewürze, Nudel-Souvenirs oder kleine Limoncello-Flaschen als Mitbringsel. Ich genieße einen frischgepressten Fruchtsaft, den ich mir individuell zusammenstellen kann; ich wähle Pampelmuse, Guave und Apfel. Das farbenfrohe Warenangebot wird von einem Denkmal überragt, das an die düstere Vergangenheit dieses Ortes erinnert. Zur Zeit der päpstlichen Herrschaft fanden hier die Hinrichtungen von Verbrechern und solchen statt, die die Kirche als Hexen und Ketzer gebrandmarkt hatte. Prominentestes Opfer war im (Heiligen) Jahr 1600 der Mönch und Philosoph Giordano Bruno. Der Dominikanerpater, 1548 bei Neapel geboren, war ein angesehener Lehrer. Er hielt Vorlesungen in Genf, Oxford, Trier, Mainz, Marburg und Frankfurt. 1587 lebte er eine Zeitlang in Wittenberg.

Giordano Bruno will die Offenbarung des Glaubens, die Überlieferung der Schrift, die Tradition der Kirche und die neuen wissenschaftlichen Erkenntnisse seiner Epoche, der Renaissance, in Einklang bringen. Er sagt:

„Ich halte das Weltall für unendlich, als Schöpfung einer unendlichen göttlichen Allmacht, weil ich es der göttlichen Güte und Allmacht für unwürdig halte, dass sie eine endliche Welt erschaffen hätte." Aufgrund solcher Vorstellungen, die letztlich die Einzigartigkeit der Erde und des Menschen relativieren, wird Giordano Bruno von der Inquisition verfolgt. Ein venezianischer Adliger, bei dem er 1592 wohnt, soll ihn zuerst ausgehorcht, dann angezeigt haben. Die Republik Venedig liefert ihn an Rom aus. Nach acht Jahren Kerkerhaft und Folter liest man ihm am 8. Februar 1600 das Todesurteil vor. Er reagiert empört: „Mit viel mehr Angst verlest wohl ihr mir das Urteil, als ich es in Empfang nehme!" Neun Tage später, am 17. Februar, wird der ausgestoßene Mönch auf dem Campo de' Fiori unter großer Anteilnahme der zum Heiligen Jahr nach Rom gereisten Pilger verbrannt.

300 Jahre danach lassen die Bürger Roms – gegen den Willen des Vatikans! – an dieser Stelle eine Bronzestatue Giordano Brunos aufstellen. Dieser große Denker wurde mit seinem metaphysischen Pantheismus (der Vorstellung, dass Gott und das All eins seien) zum wegweisenden Vorläufer von Leibniz und Spinoza, von Goethe, Herder und Schiller. Trotzdem, ein trauriges Kapitel Kirchengeschichte. Gleichzeitig ein bewundernswerter Beweis menschlicher Größe: Der Mann knickte nicht ein und blieb bei seiner Wahrheit.

„Was ist Wahrheit?", will Pilatus beim Verhör von Jesus wissen; ob er aufrichtig fragte oder nur ausdrücken wollte: „Wahrheit gibt es gar nicht"? „Ich suche Wahrheit. Ich finde Wahrheiten. Ich traue ihnen als Schritten, die an die Wahrheit führen", schreibt mein Freund Herbert Stangl, der erste Leser meiner Manuskripte, in einem Gedicht. „Was ist Wahrheit?", frage ich mich, als ich zum Mund der Wahrheit spaziere. Da Europa während dieser Reise noch von Corona beherrscht wird, ist die Stadt vergleichsweise leer. Am *Bocca della Verità* wartet – und das ist schier unglaublich für alle, die Rom zu normalen Zeiten kennen – an diesem Vormittag niemand. Wo sonst Schlangen von Hunderten für einen Schnappschuss anstehen … nur gähnende Leere. Dieser antike Brunnendeckel wurde erst viel später zum Orakel: Man muss seine Hand hineinlegen, Lügnern würde sie abgebissen. Aber noch haben alle, die den Mund der Wahrheit herausforderten, zwei Hände: Seine Zähne scheinen stumpf geworden zu sein.

Wenn ich von der Legende mit dem Handabbeißen absehe und mir vorstelle, es gäbe einen Mund, der Wahrheit ausspricht … was würde er sagen über mich? Kämen alle Geheimnisse zum Vorschein, die ich sorgsam verberge? Würde Unterdrücktes hervorgeholt, Schuld und Versagen, Verlangen und Lebenslügen, Gedanken, für die ich mich bei Licht nur schämen kann? Doch gehört zu meiner Wahrheit nicht auch, dass ich erst geworden bin, wie ich bin? Dass mein Wollen ungleich größer ist als mein klägliches Vollbringen?

Wahrheit gibt es auf Erden nur im Plural. Das aber halten wir nur schwer aus. Rund 150 Mal kommt das Wort Wahrheit in der Bibel vor. Da erfahren wir viel über menschliche Vorstellungen von dem, was Wahrheit bedeuten kann. Doch wie sieht Gott das? Vor allem, wenn die Stunde der Wahrheit anbricht? Das Jüngste Gericht in der Sixtinischen Kapelle zählt zum kulturellen Gedächtnis der Menschheit. Die Botschaft dieses Kunstwerks aber ist dramatisch: Es kommt der Tag und die Stunde, da über jede und jeden gerichtet wird. Gerettet oder verloren, wie wird mein Urteil aussehen? Diese Frage hat unzählige Generationen von Gläubigen gepeinigt. Immerhin, die Kirche bot Gnadenmittel an, wies Wege aus der Krise, half theologisch (mit der Erfindung des Fegefeuers) und praktisch (mit Ablassbriefen) die Furcht zu zähmen. Die Religionskritiker wenden ein: Die Kirche tat das nur, um an der Angst zu verdienen und sich selbst unentbehrlich zu machen.

Ich gehe auf den nahe gelegenen *Aventin*, berausche mich am erhabenen Ausblick von hier oben: Zu Füßen liegen mir Kuppeln und Türme; die brodelnde Stadt wirkt friedlich schlafend wie eine Katze am Ofen. Ich nehme auf der warmen Marmorbrüstung Platz. „Predigt auf den Untergang Roms", so lautet der Titel des Romans von Jérôme Ferrari, meiner aktuellen Urlaubslektüre während dieser Reise. Auf der Buchrückseite lese ich: „In Wahrheit wissen wir nicht, was die Welten sind noch wovon ihre Existenz abhängt. Irgendwo im Universum ist vielleicht das rätselhafte Gesetz eingeschrieben, das ihre Entstehung lenkt, ihr Wachstum und ihr Ende. Aber wir wissen dies: Damit eine neue Welt ersteht, muss eine alte erst zugrunde gehen." Das klingt ziemlich verwandt mit Giordano Bruno. Dabei spielt die Handlung in einer Dorfkneipe auf Korsika. Am Ende allerdings hören wir eine Predigt des Kirchenvaters Augustinus, nachdem Alarichs Westgoten die Stadt geplündert und viele Menschen getötet haben. Ferrari zitiert sinngemäß aus „De civitate Dei" (Der Gottesstaat), einem Werk, in dem Augustinus Gottes Allmacht verteidigt, obwohl dieser doch die Zerstörung Roms nicht verhindert hat: „Rom wurde eingenommen und Eure Herzen erblicken darin ein Skandalon. Aber ich frage Euch, Euch, die Ihr mir teuer seid, Gott anzuzweifeln, der Euch das Heil Seines Segens versprochen, liegt nicht darin der wahre Skandal? Du weinst, weil Rom den Flammen ausgeliefert wurde? Hat Gott jemals versprochen, dass die Welt ewig sei? … Deine Hände sind leer und Dein Herz traurig. Und wenn Du die Welt liebst, dann gehst Du mit ihr unter."

Es gab Zeiten, da hätte ich diesem Prediger andächtig gelauscht und spontan beschlossen, der Welt den Rücken zu kehren, um ganz für Gott da zu sein. Mittlerweile gehört zu meiner individuellen Wahrheit: Gott will mich mitten in der Welt haben. Und besonders wahr ist, dass Saltimbocca alla Romana in Rom natürlich besonders gut mundet. Ich genieße in einer Trattoria in Trastevere mein Mittagsmahl. Eigentlich wollte ich auf meine Linie achten und deswegen auf Nachtisch verzichten, doch hier werden Cannoli Siciliani angeboten, mit süßem Ricotta gefüllte Teigröllchen. Ich sagte es bereits, mein Wollen ist ungleich größer als mein klägliches Vollbringen. Wäre es eine Sünde, sie lohnte sich. Doch so kann nur reden, wer keine Furcht vor dem Jüngsten Gericht hat.

Für einen Moment der Besinnung suche ich die Kirche *Santa Cecilia* in Trastevere auf; im Gästehaus der dortigen Benediktinerinnen habe ich schon oft übernachtet, diesmal aber nicht. Vor dem Tabernakel will ich gar nicht meine wirren Gedanken sortieren, im Gegenteil: Einmal nicht denken. Nur da sein. Mich Gott hinhalten. Gottlob brennt hier als Ewiges Licht eine echte Kerze und keine elektrische Beleuchtung. Ich schließe die Augen und überlasse mich der Stille. Im Schweigen ist mir Gott näher als in den vielen Worten. Dabei mache ich selbst so viele.

Auch jetzt drängen sich Gedanken, Worte, Fragen in meinen Sinn: Tabernakel, fällt mir ein, heißt ja übersetzt: Zelt. Doch unsere Tabernakel sind Panzerschränke, um das Allerheiligste zu schützen. Ein Zelt ist nur ein vorübergehendes Obdach. Gott ist flüchtig. Wir aber wollen Gott festhalten. Im Tabernakel. In den Sakramenten. In der Bibel. In all den Riten und Gebräuchen und was sich sonst Religion noch hat einfallen lassen. Ich selbst nutze als Pfarrer das Arsenal von Möglichkeiten, der Gegenwart Gottes habhaft zu werden; obwohl ich natürlich weiß, sie entzieht sich absolut meinem Einfluss. Alle, die sich Gottes Geist öffnen, werden zu Botinnen und Boten von Gott in Zeit und Raum.

Darüber hinaus gibt es die öffentlich bestellten Verkünder des Wortes und Verwalter der heiligen Zeichen. Bedarf es ihrer überhaupt? Kann ich als Pfarrer anders als mit Ja antworten? Alle im hauptamtlichen Dienst der Verkündigung geben dem Glauben ein konkretes Gesicht. Eine individuelle Färbung. Wir repräsentieren die Kirche mit unserem Amt. Wir erfüllen diese Funktion sehr vielfältig mit unseren unterschiedlichen Persönlichkeiten. Mensch bedenke, was Guido Morselli bereits 1974 in seinem Roman „Rom ohne Papst“ beschreibt. Der Pontifex einer total liberalisierten Kirche, die sich der modernen Welt an den Hals wirft, verkündet bei einer Audienz: „Gott ist kein Priester.“ Und mit einem Lächeln fügt er hinzu: „Und auch kein Mönch.“ Missmutig nimmt das in der Erzählung Pfarrer Walter zur Kenntnis, ein erzkonservativer Priester aus der Innerschweiz, der den neuen Zeiten kritisch gegenübersteht. Er kommentiert: „‚Er ist kein Priester.‘ Eine Selbstverständlichkeit, die man nicht auszusprechen braucht. Ja, die man gar nicht aussprechen sollte. Denn wenn Gott auch kein Priester ist, so sind wir es doch.“ Ich meine: Priesterlich ohne klerikal zu sein, darauf kommt es an.

Außerhalb des Katholizismus wird das Papsttum von vielen kritisch gesehen, wenn auch einige Vertreter auf dem Stuhle Petri durchaus den Respekt Andersgläubiger genießen. Frère Roger verlieh in seinen Tagebuchaufzeichnungen „Einer Liebe Staunen“ dem Papst den schönen Titel eines „universalen Pastors“. Katholiken berufen sich auf den Papst, wenn er mit einer Aussage ihre eigene Meinung bestätigt, ansonsten lassen sie ihn einen guten Mann sein. Stefano Infessura, ein römischer Zeitzeuge im 15. Jahrhundert, beschreibt nonchalant eine an sich erschreckende Begebenheit aus dem Jahr 1454. Der Papst ließ (trotz zugesagten freien Geleits) einen gewissen Angelo di Roncone gefangen nehmen. Er wurde „in der Engelsburg eingekerkert; und der Papst ließ ihm den Kopf abschlagen, am 13. Oktober, um drei Uhr nachts. Und am folgenden Tag befahl der Papst dem Kastellan, er solle ihm den Angelo di Roncone vorführen. Und der Offizier wunderte sich darüber und sagte dem Papst, Angelo sei tot, Seine Heiligkeit selbst habe dies angeordnet. Und der Papst erschrak darüber und war sehr betrübt und sagte, dass er sich dessen nicht mehr entsinne. Darum glaubte man, dass er in der Trunkenheit den Befehl zur Hinrichtung gegeben habe, denn er verstand sich sehr gut aufs Trinken." (Den Papst als Säufer toppt nur noch die Bemerkung des Erzählers in Astor Piazollas Oper „María de Buenos Aires", Text von Horacio Ferrer: „María kam an einem Tag zur Welt, als Gott betrunken war.")

Ich muss mich wieder bewegen. Ziel ist das „Haupt und die Mutter aller Kirchen", so steht es draußen am *Lateran*. Für die drei Kilometer lasse ich mir viel Zeit. Durch Rom zu gehen ist Vergnügen genug. Ich passiere den Tiber und Monumente des Altertums, trete ab und zu in eine Kirche ein, schlecke ein Gelato, setze mich auf ein Mäuerchen und freue mich, am Leben zu sein. Und das in Rom.

Meine Tochter hat mir schon öfters vorgeschlagen, nach Rom umzusiedeln. Der Gedanke ist verlockend, wenn ihm auch praktische Erwägungen (von der Sprache bis zum Geldverdienen) entgegenstehen. Aber mich hält auch etwas anderes ab, mich ganz auf Rom ein- und sogar dort niederzulassen. Man nimmt sich ja selbst überallhin mit. Auch Rom kann mich nicht von der Last des Lebens befreien; meine chronische Melancholie wird hier nur übertüncht vom immerwährenden Fest, das diese Stadt feiert. Doch dessen werde ich auch überdrüssig. Unter Millionen einsam zu sein ist schlimmer als allein zu Haus. Es bleibt ein Misstrauen, dass das Gefühl der Zugehörigkeit nur Phantasie und die Freundlichkeit dieser Stadt nur gespielt ist. Die staatliche und kirchliche Macht, die hier prahlt und protzt, stößt mich irgendwann nur noch ab; ich bin nicht für Hierarchien gemacht. Hier, wo meine Seele aufblühen kann wie nirgends sonst auf der Welt, durchfährt mich für einen Wimpernschlag jäh die Erkenntnis Kohelets, der poetisch sagt, alles sei Windhauch, was ja übersetzt nichts anderes meint als: sinnlos.

Nun aber genug von diesen ernsten Gedanken. In einer Seitenstraße der Lateranbasilika ordere ich zum Abendessen einen Meeresfrüchtesalat. Einmal saß ich hier mit Freunden am Sonntag nach Fronleichnam; dieses Fest ist in Italien kein Feiertag. Deswegen fand die Prozession am Sonntagabend statt. Für uns überraschend ging sie just über die Straße, an der wir draußen speisten. „Il papa!", wurde gerufen. „Der Papst?", fragte ich einen englischen Priester am Straßenrand. Er antwortete genau richtig: „Yes, but more important: The Lord!" Dann kam auch schon ein Pritschenwagen, auf dessen Ladefläche Papst Benedikt auf einem mit rotem Samt bezogenen Betschemel vor der Monstranz kniend durch die Straßen gefahren wurde. Speziell! Ich geriet in Konflikt, ob ich das Knie beugen oder ein Foto machen sollte … Mir gelang der Spagat. Das Bild dient mir als Lesezeichen in „Rom ohne Papst". Da hatte ich Rom mit Papst, gratis und franko. Gold wert, diese Erinnerung.

Um diesen wunderbaren, mit Gottes Gegenwart erfüllten Tag abzurunden, genehmige ich mir noch ein Glas Primitivo als Absacker in einer namenlosen Bar. Was Marco

Lodoli in seinem Büchlein „Inseln in Rom. Streifzüge durch die Ewige Stadt“ über die *Marani-Bar* so schön schreibt, gilt für alle: Man könne jeden Stein des imperialen Rom bewundert haben, jedes im Dunkel der unendlich vielen Kirchen verborgene Bild, aber man würde die Stadt nicht wirklich kennen, wenn man nicht zumindest einen Tag in einer Bar vertrödelt hätte. „An den kleinen Tischen, beim Cappuccino oder bei einem Aperitif, findet man Menschentypen wieder, die die Soziologen künstlich auseinanderhalten: friedfertige Hausfrauen und metallverbolzte Punks, Langzeitstudenten aus dem Süden und Obsthändler vom nahen Markt im Unterhemd, schwatzhafte Schauspieler und alte Hardliner aus der Via dei Volsci, Jüngelchen aus reicher Familie im Kaschmirpulli und ganz normale Leute, die auf einen Kaffee vorbeikommen, sie alle sind hier, um Zeitung zu lesen, die Fußballweltmeisterschaft zu kommentieren, die Politik, die Angelegenheiten der anderen, die Nichtigkeit des Lebens.“

Auch die Nichtigkeit des Lebens gehört zur Wahrheit, ebenso die Unendlichkeit des Seins. In Rom liegt beides dicht beieinander.

Das Sakrament der Zigarre

Irrsinnig heiß heute, die Luft zum Schneiden. Zum Ausgleich sondern die Pinien ihren berauschenden Duft aus. Meine Spaziergänge – an diesem Samstag kaum mehr als acht Kilometer – zehren reichlich Energie, die Hitze macht schlapp und das Sonnenlicht blendet. Welche Wohltat, am Vormittag in die Kirche *Santa Croce in Gerusalemme* („Heiliges Kreuz in Jerusalem“) eintreten zu können, die ich zum ersten Mal aufsuche. Ein heiliger, vor allem kühler Ort. Hier werden ganz besondere Reliquien verehrt: Partikel des Kreuzes, ein Nagel, mit dem der Herr ans Holz geheftet war, zwei Dornen der Dornenkrone …

Die Frage, wie echt diese Gegenstände sind, ist vernachlässigbar. Wichtiger scheint mir, wie wir in unserer Zeit verstehen können, was damals an einem Freitag im Frühjahr in Jerusalem geschah. Jedes Jahr an Karfreitag versuche ich dieses blutige Opfer zu deuten. Musste alles so geschehen? War es Gottes großer Plan? Oder interpretiert das Christentum seit Jahrtausenden diesen Tod falsch, wie heute manche Stimmen der Theologie behaupten: Alles ein großes Missverständnis, weil der Vater doch nie ein solches Ende seines Sohnes gewollt haben könnte.

Vor allem aber: Was hat das alles mit unserer Gegenwart zu tun?

Die mit so viel Marmor ausgestaltete Kapelle atmet den Charme einer Badeanstalt, als wäre alles gefliest. So mangelt es mir an Andacht, ein frommer Schauer bleibt mir verwehrt. Ich spreche still das Geheimnis des Glaubens: „Deinen Tod, o Herr, verkünden wir und deine Auferstehung preisen wir, bis du kommst in Herrlichkeit!" Draußen empfängt mich wieder römische Glut.

Ich gönne mir einen ausgiebigen Mittagsschlaf, denn am Abend wird's spät: Jan soll heute kurz vor Mitternacht landen, mein bester Freund. Am Montag reist er schon wieder ab. 36 Stunden Rom, ein Irrsinn, aber hätte ich sein Angebot eines Kurzbesuchs abschlagen können? Schließlich treffen wir uns jeden Sonntagabend, um Zigarre zu rauchen. „Traditionen müssen eingehalten werden", schrieb Jan aufs Handy, als er mir gestern seine Schnapsidee mitteilte. Er spielte auf den Rechtsgrundsatz „Verträge müssen eingehalten werden" an: Pacta sunt servanda – klingt nach altem Rom, stammt aber aus dem Mittelalter.

Gegen 23 Uhr steige ich ins Taxi. Norbert Knecht hat einen eigenen Reiseführer verfasst, in dem er sehr richtig feststellt: „Taxifahren ist in Rom ein Abenteuer. Um von A nach B zu kommen, kennt jeder Taxifahrer unzählige Abkürzungen. Der Endpreis ergibt sich aus den passierten Sehenswürdigkeiten. Sie fahren täglich dieselbe Strecke und zahlen jedes Mal einen anderen Betrag. Dennoch, jede Taxifahrt steht einer Achterbahnfahrt auf Pützchens Markt [der größten Kirmes in Bonn] in nichts nach. Man setzt sich *immer* auf die Rückbank und wenn man zum dritten Mal ein Taxi besteigt, kennt man das Gefühl, einem Menschen gnadenlos ausgeliefert zu sein."

Wie ein Irrer brettert der Taxifahrer durch die Nacht der Ewigen Stadt. Daheim würde mich seine Fahrweise empören, sogar ängstigen; hier genieße ich diese Art der Daseinsbewältigung. Zu meinem Vorteil sind die Strecken zum Flughafen und vom Flughafen in die Stadt preislich genormt. Dennoch, hin und zurück zahle ich mehr, als Jan für sein Billigflugticket hinlegen musste.

Der Freund erscheint erst um halb eins. Immerhin braucht er nicht auf einen Koffer zu warten. Wechselwäsche und Zahnbürste hat er in einem Minirucksack verstaut. „Was machst du für Sachen?", frage ich ihn schmunzelnd zur Begrüßung. Als Antwort singt er den Refrain des Liedes der Band Spliff: „Spaghetti Carbonara e una Coca Cola" und fügt noch hinzu: „Die Cola kannste weglassen. Wollte mal sehen, ob die Carbonara hier wirklich so gut ist." Für Jan ist das eine Glaubensfrage, denn er ist ein Meister dieses Gerichts. Nur bestimmte Nudeln dürfen verwendet werden, den Guanciale (Speck aus der Schweinebacke) dafür lässt er sich direkt aus Italien kommen. Und selbstverständlich verwendet er keine Sahne. „Morgen", vertröste ich ihn, „also heute."

Zum Glück bin ich diesmal nicht in einem Schwesternhaus, sondern im Hotel *Pace Helvezia* abgestiegen. Zum einen schließen die Nonnen meistens um elf am Abend ihre Pforten, zum anderen hat mein Hotel eine der herrlichsten Dachterrassen Roms. Während wir Parmaschinken, Pecorino, Brot und Rotwein (allerdings etwas zu temperiert) genießen, betrachten wir das hell erleuchtete *Monumento a Vittorio Emmanuele*. „Schön ist ja was anderes", befindet mein Freund, „aber monumental ist es tatsächlich!" Ich ergänze: „Und Tag und Nacht stehen da zwei Soldaten und halten Ehrenwache an der ewigen Flamme." Da sind wir beide aber froh, dass wir um drei ins Bett gehen dürfen.

Jan schläft noch, als ich am Sonntagmorgen zum Gottesdienst in die deutsche lutherische Christuskirche in der Nähe der *Villa Borghese* aufbreche. Es ist schön, in der Muttersprache singen und beten zu können. Die liturgischen Elemente sind wie zu Hause, ein Stückchen evangelische Katholizität. Der Prediger kann nichts dafür, ich bin unkonzentriert: Anstatt seinen Ausführungen zu folgen, wandern meine Gedanken zur Speisekarte des Mittagsmenüs. Ich werde mit Jan eine Osteria in der Nähe des *Pantheons* aufsuchen, mit Marina war ich dort mal essen.

Zu Mittag treffen wir uns dort. Ich bin fast ein wenig aufgeregt: Werden Jan die Spaghetti Carbonara munden? Oder wird ihn dieses Mahl enttäuschen? Als die Portionen vor uns erscheinen – glänzend und nach gebratenem Speck und Ei duftend –, meine ich ein anerkennendes Lächeln auf dem Gesicht meines Freundes zu erkennen. „In Gottes Namen. Amen", gebe ich das Kommando anzufangen. Doch zuvor muss Jan noch ein Handyfoto machen und seiner Frau schicken.

Die ersten Gabeln essen wir schweigend. „Und?", frage ich ungeduldig. Der Kenner urteilt ausgewogen: „Der Biss ist okay, auch die Anhaftung des Parmesans an den Nudeln. Der Guanciale ist wirklich gut. Es scheint ein Hauch zu viel Muskat in der Soße zu sein. Alles in allem, nicht schlecht." „Nicht schlecht?", frage ich zurück: „Bist du ein Schwabe?" Aber wie gut es ihm schmeckt, sehe ich an der Geschwindigkeit, mit der er alles verputzt. Es ist ja auch sein Frühstück.

Als der junge Kellner an den Tisch tritt, um abzuräumen, kommentiert er: „Ein echter Italiener würde den Teller mit Brot säubern." Also lassen wir uns noch einmal Brot kommen, dazu noch eine halbe Karaffe Wein, und putzen die Soße auf. Der Kellner grinst, wir hätten die Prüfung bestanden! Um das zu feiern, bestellen wir uns Cassata Siciliana, danach brauchen wir Bewegung. – Ich schlage vor, den *Campo Verano* zu besuchen, den größten Friedhof der Stadt. Wir brauchen rund eine Stunde zu Fuß, es ist wieder sehr heiß. In andächtiger Stille betrachten wir die Gräber, auf denen meistens Plastikblumen stehen, die unserem Geschmack nach einfach nur hässlich sind. Neben großangelegten Grabanlagen mit aufwändigen Statuen (etwa trauernden Engeln) gibt es schlichte Grabkammern, in denen die Verstorbenen hinter weißen Marmorplatten wie in Regalen übereinanderliegen. Wir lesen die Namen von Menschen, die wir nicht kannten. Alle diese Toten waren einmal Lebende, wie wir. Sie haben geliebt und gelitten. Suchten Glück, wurden enttäuscht und erfuhren am Ende alle die große Überraschung: Der Tod ist ganz anders, als wir ihn uns vorstellen. So zumindest stelle ich mir das vor. All diese Namen sind im Buch des Lebens verzeichnet. Wir schauen uns noch *San Lorenzo* an, die Basilika neben dem Friedhof, wo sich der Barock zum Glück nicht durchsetzen konnte.

Nach einer Verschnaufpause im Hotel treffen wir uns auf der Dachterrasse. Der erste Zug ist ein Sakrament. Unsere Zigarren verbreiten sogleich dicken Qualm. Sakrament: Zeichen des Glaubens. Ich deute immer alles religiös, Jan nimmt es klaglos hin. Mein Freund, einige Jahre jünger als ich, ist Ingenieur und hat einen Master in Unternehmensführung; mit Glauben hat er nichts am Hut. Das heißt, er glaubt schon auch etwas, dass beispielsweise gute Spaghetti Carbonara das Leben erträglicher erscheinen lassen.

Wir sitzen uns gegenüber und paffen: Das Sonntagabendritual. Wir rauchen einen Moment in Stille, genehmigen uns einen Schluck Whisky und verfolgen, wie aus Tabak Asche wird: Daran kann man sehen, wie die Zeit vergeht. Herrlich!

„Am Tag vor meiner Abreise habe ich einen Zweiundzwanzigjährigen beerdigt“, sage ich in die Stille hinein. „Scheiße“, seufzt Jan. Ich frage: „Mandelplätzchen?“ „Niemals“, antwortet der Kumpel, was in seiner Sprache bedeutet: „Her damit!“ Er kaut, während ich erzähle: Der Bursche war nachts mit einem E-Roller umgekippt und so unglücklich in den Lenker gefallen, dass seine Lunge kaputtging. Ich berichte vom Vorgespräch mit den Eltern und der Schwester. Wie sollen die das fassen können? Die Schwester schämt sich, am Leben zu sein. Das Phänomen kennt man auch von Holocaust-Überlebenden. Jan schiebt sich noch ein Mandelplätzchen in den Mund.

Den Trauergottesdienst feierten wir in einer katholischen Kirche. „Feiern“, sagt Jan nur. „Aber ja“, verteidige ich das Wort: „Du musst richtig reingehen in die Trauer. Sie zelebrieren … es war schrecklich: all die jungen Menschen, Freunde und Kommilitonen. Die Familie. Ich wollte gerade durchs Hauptportal einziehen, da kam mir ein heulender junger Kerl entgegen. Er hatte schon genug, bevor es losging. Ja, es war irgendwie zum Weglaufen.“ Jan schüttelt den Kopf: „Und wir sitzen hier, futtern und rauchen und trinken und leben.“

Jan hat Kinder, ich auch. Können wir uns vorstellen, was es bedeutet, das eigene Kind zu begraben? Die Implosion im Herzen derer, die den jungen Mann liebten, vermögen wir kaum zu erahnen.

„Was sagt denn der liebe Gott dazu?“, will Jan wissen.

„Der liebe Gott ist in Pension.“

Jan macht die Augen weit auf: „Das hast du denen aber nicht gesagt!“

Ich beruhige ihn: „Nein. Man muss Gott die ganze Klage vor die Füße knallen. Zum Trost habe ich aus dem letzten

Buch der Bibel zitiert: *Gott wird alle Tränen von ihren Augen abwischen: Der Tod wird nicht mehr sein, keine Trauer, keine Klage, keine Mühsal.*"

„Glaubst du das wirklich?" Jan sieht mich skeptisch an. Seine Zigarre ist ausgegangen. Ich reiche ihm Feuer.

Ein Schluck Whisky ist nötig, bevor ich antworte: „Sonst würde ich das nicht sagen. Das spürt man sofort, wenn du irgendwas predigst, was du nicht glaubst. Dann hält man besser die Klappe. Ohne diese Hoffnung ..." Ich vollende den Satz nicht laut. Nur in mir: Ohne diese Hoffnung würde ich es nicht aushalten. Ohne diese Hoffnung lebt Jan. Leben viele. Aber selbst mit dieser Hoffnung ist das Dasein eine Zumutung.

Wir beide kennen den Wunsch, nicht leben zu wollen. Das ist etwas anderes als der Wunsch, nicht *mehr* leben zu wollen. Wir sind nicht suizidgefährdet. Wir sind verantwortungsvolle Ehemänner und Väter, soziale Wesen, auf die man sich verlassen kann. Aber die Absurdität unserer Existenz nagt. Manchmal schämen auch wir uns, am Leben zu sein, wie die Schwester des toten Burschen.

„Wohin geht's im Urlaub?" Ich bemühe mich um ein unverfängliches Thema. Dann reden wir über dies und das, zwei, drei Zigarillos lang; seine gehen immer wieder aus.

„Boah", jammert er, „ich bin zu doof zum Rauchen."

„Das macht doch nichts", tröste ich ihn: „Merke: Trübsal blasen, an Zigarren jedoch ziehen. Na ja, zu sterben, das wirst du einmal schaffen."

Er prostet mir zu: „Du bist ein wahrer Freund!"

„Alles hat seine Zeit", füge ich noch an, wohl wissend: Jan hört daraus keinen Bibelvers. Die besten Wahrheiten sind schlicht und allgemein zugänglich.

Als wir um kurz vor Mitternacht beschließen, schlafen zu gehen, ist die Tüte Mandelplätzchen leer. „Amarettini morbidi“ steht darauf. „Morbidi!“, liest Jan, „Das passt ja.“ „Morbidi heißt weich“, übersetze ich. Jan schüttelt den Kopf: „Der Tod ist aber hart!“ Kurz erwäge ich, ihn an den *Campo Verano* zu erinnern. Bei den vielen Toten wird der Tod auch mal weich gewesen sein, also gnädig, sogar willkommen. Doch ich lasse es.

Wir stehen auf, atmen tief durch, trinken ein Glas Wasser, um den Whisky zu verdünnen, und betrachten die Möwen, die um das *Viktor-Emanuel-Monument* kreisen. Wir wünschen uns eine gute Nacht. Jan hebt die rechte Augenbraue: „Finger weg von E-Rollern, hörst du!“ – „Die Stadt quillt davon über!“ – Ich gehe aufs Zimmer, dankbar für dieses Sakrament der Begegnung: Zeichen der Gegenwart Gottes inmitten meines improvisierten Lebens.

Am Montagmorgen bleibt nicht viel Zeit. Nach dem Frühstück trotten wir zum Bahnhof *Termini*. Der rote Zeiger der Bahnhofsuhr zeigt an, wie Sekunde um Sekunde unsere Lebenszeit schmilzt. 36 Stunden Rom verdunsten flott. Aber diese Zeit war ein Geschenk. Jan steigt in den Schnellzug zum Flughafen, ich bleibe winkend zurück.

Meine Sakko riecht noch nach Sonntagabend. Ehrlich gesagt: Kalter Rauch stinkt.

Fantastico!

Wie der Frühling klingt Italienisch:
Buon giorno, Cappuccino,
grazie mille, o sole mio …
Wörter wie Melodien.
Als Erbe Babels aber
beherrsche ich diese Sprache
leider nur *un poco*
und finde im *Ristorante* nicht
den Begriff für trocken;
so soll mein Wein sein.
In der Not bestelle ich auf Englisch
„dry wine" – und siehe,
der Kellner serviert mir umgehend
drei Gläser Wein,
sehr *secco* übrigens.
Das Wunder von Kana
ereignet sich in *Roma*:
Ein Pfingsten des Verstehens!

ROMA
CAESAR
ROMA 753 A.C.
ROMA 753 A.C.
CARABINIERI
CARABINIERI
ROMA
ROMA
Me.

Verstehen mit Herz und Nieren

Der trübe Himmel an diesem Tag im Spätherbst lässt die überlebensgroße Reiterstatue Marc Aurels auf dem Platz vor dem *Kapitol* noch massiger erscheinen. Auf nur drei Beinen steht das prächtige Pferd, auf dem der erfolgreiche Kriegsherr thront. Übrigens mit kesser Löckchenfrisur und krausem Bart, der Blick kein bisschen triumphal, eher ernst und stolz. Wie einer, dem die Siegerpose widerstrebt. Der keine Lust hat auf dieses Gehabe. Nur weil die mittelalterliche Kirche ihn für Kaiser Konstantin hielt, ist dieses Kunstwerk überhaupt erhalten geblieben (das Original steht übrigens im Konservatorenpalast), sonst hätte man den „Heiden" verschwinden lassen. Dabei teilt dieser Philosoph in seinen Selbstbetrachtungen tiefgründige Gedanken mit uns. Manches ist seiner Zeit geschuldet, anderes hat universale Bedeutung … in der Bibel ist es ganz ähnlich. Meine Lieblingsweisheit dieses Stoikers, dessen Ziel es war, in allen Lebenslagen ausgeglichen und ruhig zu bleiben, ist äußerst schlicht, kam mir aber, als ich sie entdeckte, einer Erleuchtung gleich: „Diese Gurke schmeckt bitter. Wirf sie weg. Dornensträucher im Weg? Weiche ihnen aus. Frag nicht: Wozu gibt es diese Dinge auf der Welt?"

Einst wollte ich immer verstehen. Alles! Aber je tiefer ich in die Mysterien eindringe – ob es sich um Gott handelt, den Menschen, die Liebe oder warum überhaupt alles so ist, wie ist es – desto verworrener erscheint alles. Das soll nun nicht dazu führen, das Nachdenken aufzugeben. Der Verstand ist eine Gabe Gottes, aber nicht der einzige Weg der Erkenntnis. Herz und Nieren dienen ebenso als Instrumente der Einsicht. Eine immerhin habe ich schon: Das Leben ist nicht zu packen, sondern immer mehr, weiter, anders, als ich es begreife. Marc Aurels Standbild umschreitend, kommt mir einer seiner Gedanken in den Sinn: „Heute, sagst du, bin ich all meinen Plagen entronnen. Sag doch besser: Heute habe ich alle meine Plagen abgeworfen. Denn sie waren nur in dir, in deiner Vorstellung, nicht außer dir." – Alle Plagen nur Einbildung? Meint er, der buddhistischen Weltanschauung ähnlich, dass alles nur vorüberziehende Gedanken sind? Schmerzen an Leib und Seele, Konflikte in der Partnerschaft, Ärger im Beruf, die Bedrohung der gesamten Existenz durch die Weltlage – alle Plagen existieren nur inwendig in mir? Ich ahne, was er meinen könnte, bin mir aber nicht sicher, ihn verstanden zu haben.

Die Linie 118 bringt mich zum heutigen Tagesziel, der *Kallixtus-Katakombe*. Es macht Spaß mit Römerinnen und Römern Bus zu fahren, dabei sind die Leute nicht wirklich anders als in Bonn. In der Katakombe war ich schon oft, doch es zieht mich immer wieder hin. In diesem unterirdischen Friedhof wurden etwa eine halbe Million Christen begraben, darunter viele Märtyrer und sechzehn Päpste. Die Katakomben waren keine geheimen Orte, aber besondere sind es bis heute. Sie atmen den Glauben der frühen Kirche. Ich liebe es, durch die unterirdischen Gänge geführt zu werden, ich spüre ein gebändigtes Gruseln, und am schönsten ist es, am Ende wieder nach oben zu kommen ins Tageslicht.

Mehrmals taucht in diesen Katakomben das Bild des Guten Hirten auf, der ein verlorenes Schaf auf den Schultern trägt, Symbol für Christus, den Erlöser, der die Seele der Verstorbenen rettet. Eine Kunststofffigur davon erstehe ich im Andenkenladen. Die Frau hinter der Ladentheke gewährt mir 50 Cent Nachlass, das muss am Kollar liegen.

Der gute Hirte ist anschauliche Theologie: Da gibt einer auf dich Acht. Das begreift schon ein Kind, oder auch: das Kind in mir. Ganz anders dagegen meine momentane Lektüre: der Römerbrief des Paulus. Historiker sind sich uneins, ob Paulus jemals in Rom war, wenngleich seine Reliquien in der Ewigen Stadt verehrt werden. Ist auch nicht entscheidend. Paulus ist nicht einfach der 13. Apostel; er hat Jesus nie persönlich kennengelernt, die mystische Christusbegegnung vor Damaskus änderte sein Leben allerdings radikal. So wurde er zum größten Missionar des Christentums. Seinen Brief an die Christen in Rom schrieb er vor fast 2000 Jahren, und wir lesen seine Botschaft als „sein Evangelium“ an die Gegenwart. Die Katakomben selbst sind kühl und feucht, draußen ist es mit rund 20 Grad noch angenehm. Ich setze mich auf eine Bank und studiere, was Paulus zu sagen hat. Natürlich kenne ich diesen Brief. Im Studium war er Thema, er kommt regelmäßig im Predigtplan vor. Doch den Römerbrief am Stück in Rom zu lesen fordert mich heraus. Im Ablenken ist Rom meisterhaft. Hier an der *Via Appia Antica*, ab vom Puls der Metropole, ist es für römische Verhältnisse ausgesprochen ruhig.

Paulus denkt in Gegensätzen, spricht vom alten und vom neuen Menschen, von Gesetz und Sünde, von Vernunft und Fleisch, von Leben und Tod. Es geht um Freiheit … und als ich schon fürchte, ich komme intellektuell nicht mehr mit, stoße ich auf einen goldenen Satz, den ich nachsprechen kann: „Denn ich tue nicht das Gute, das ich will, sondern das Böse, das ich nicht will" (Römer 7,19). Da fühle ich mich verstanden! Doch schon hebt er wieder ab, ich kann halbwegs nachvollziehen, was er meint, aber nicht gänzlich teilen, was er sagt. Paulus, der ehemalige Pharisäer, der das Gesetzesdenken hinter sich gelassen hat, spricht von Gottes Zorn, vom Gericht, aber auch von Gottes Treue und der Hoffnung. Vieles wirkt mir zu abstrakt. Keine Geschichten, keine Gleichnisse, kaum Bilder, den Leserinnen und Lesern werden vielmehr steile Thesen zugemutet. Was haben die Römer damals von seinem Brief gehalten? Begriffen sie, was er sagen will?

Die Evangelien sind noch nicht verfasst, als Paulus seine Lehre von Gott und der Erlösung darlegt. Dort spricht der freundliche, den Menschen zugewandte Heiland, hier doziert ein Gelehrter, der uns Gott erklärt. Dennoch ist der Apostel klug genug, sich selbst zu relativieren, wenn er (darin Jesaja und Hiob zitierend) schreibt: „Wie groß ist doch Gott! Wie unendlich sein Reichtum, seine Weisheit, wie tief seine Gedanken! Wie unbegreiflich für uns seine Entscheidungen und wie undurchdringlich seine Pläne! Denn wer kann Gottes Absichten erkennen? Oder wer hat ihn je beraten? Wer hat Gott jemals etwas gegeben, das er nun von ihm zurückfordern könnte? Denn alles kommt von ihm, alles lebt durch ihn, alles vollendet sich in ihm. Ihm gebühren Lob und Ehre in alle Ewigkeit! Amen" (Römer 11,33–36).

Zwei Cappuccini habe ich schon intus, jetzt hole ich mir ein Bitter Lemon, es gluckert in meinem Bauch. Die Gedanken schwirren durch meinen Kopf. Ich kralle mich an jenen Passagen fest, die ich verstehe, nicht nur mit dem Kopf, sondern mit Herz und Nieren. Etwa an meinem Lieblingssatz der ganzen Bibel, der mich als Jugendlichen fand, als ich mit 16 die Heilige Schrift zum ersten Mal von vorn bis hinten las. Ein Unterfangen, das immer noch Ausdauer und Durchhaltevermögen braucht, denn es ist – wie bei Marc Aurel – nicht alles von universaler Bedeutung, manches ist der Zeit der Entstehung geschuldet. Aber dieser Vers, der später mein Trauspruch wurde, begleitet mich bis heute: „Wir wissen, dass Gott bei denen, die ihn lieben, alles zum Guten führen wird“ (Römer 8,28).

Karl Barth, der durch seine Auslegung des Römerbriefs bekannt, ja berühmt wurde und sich zu einer Art Kirchenvater des 20. Jahrhunderts entwickelte, kommentiert dazu mit ähnlicher Wucht wie Paulus selbst: „Wir sind die Menschen, für die Gott endgültig und auf der ganzen Linie dessen, was wir wissen, der Andere, der Fremde ist. […] Liebe zu Gott ist die tiefste Sachlichkeit gegenüber der Problematik unseres Lebens. Wenn der Mensch (ob in dieser oder jener Haltung) tatsächlich, existentiell, einmalig, eindeutig, unausweichlich, unrettbar auf die Frage: Wer bin ich? gestoßen ist, dann liebt er Gott.“ Mein Exemplar von Barths Römerbrief wähnte ich durch einen Umzug verloren, erstand es neu, fand das andere Buch wieder, egal: man muss es als Theologe im Regal griffbereit haben. Der Römerbrief des Paulus umfasst knapp 30 Seiten, Barths Buch dazu fast 600! Auch Barth verstehe ich nur in Ansätzen. Das mag genügen.

Es genügt die grundlegende Erkenntnis, die uns Paulus mit auf den Weg gibt: Wir leben aus der Gnade Gottes. Wir können unser Leben nicht selbst machen und erhalten. Es ist ein Geschenk. Das bezeugt Paulus in allen seinen Schriften. Martin Luther verdichtete das in die „Vier Soli“: Allein Christus (solus Christus), allein die Schrift (sola scriptura), allein die Gnade (sola gratia) und allein der Glaube (sola fide). Mit diesen Grundsätzen kritisierte die Reformation die Kirche ihrer Zeit; heute sollten sie – unabhängig von der Konfession – ihre allgemeinen Prinzipien sein.

Gnade, ein altmodischer Begriff, stößt heute auf emotionalen Widerstand. Wir modernen Menschen meinen doch, wir hätten ein Recht auf Glück, Liebe und Erfolg. Wenn es irgendwo hakt, sind wir gekränkt und beleidigt. Wie kleine Kinder protestieren wir, wenn wir nicht sofort bekommen, was wir wollen. Ich kann mich noch mäßigen, will aber jetzt was essen, auch wenn Paulus zu Recht schreibt: „Denn wo Gottes Reich beginnt, geht es nicht mehr um Essen und Trinken. Es geht darum, dass wir ein Leben nach Gottes Willen führen und mit Frieden und Freude erfüllt werden, so wie es der Heilige Geist schenkt“ (Römer 14,17) – aber ja, doch darf ich mich ebenso an den Gaben dieser Welt erfreuen. „Sei gut zu deinem Körper, damit deine Seele Lust hat, darin zu wohnen“, fand meine Lieblingsheilige Teresa von Avila. Aber gut zum Leib zu sein, kann auch bedeuten: Heute mal keinen Wein. Keinen Nachtisch. Nicht nach Lust und Laune schlemmen, sondern nur den Hunger stillen.

Strebt die christliche Tradition der Askese danach, die Selbstbeherrschung einzuüben, hat sie ihren Sinn. Verzicht, um Gott damit zu beeindrucken, widerspricht der Maxime der Gnade. Wir können uns nichts verdienen. Fasten bezweckt Konzentration und Reinigung. Wir müssen damit nicht Gott beeindrucken. Herbert Stangl schreibt in einem Gedicht: „Nicht / brauchst du / meine Lobpreisungen / über meine Entsagungen / lächelst du / und die Mühen, / die ich dir zuliebe / auf mich nehme, / nützen dir nichts“.

Enthaltsamkeit indes ist keine christliche Erfindung. Auch die Stoiker empfahlen sie, um sich nicht abhängig von der Welt zu machen, im Sinne säkularer Selbsterlösung. In Gisbert Haefs Roman „Roma. Der erste Tod des Marc Aurel“ wird diese Haltung beispielhaft beschrieben. Anlässlich eines kaiserlichen Festgelages biegen sich die Tische unter der Last der köstlichsten Speisen. Wer aber fehlt? „Marcus Aurelius ließ sich nicht blicken. Pacuvius nahm an, daß er im Palast zwei Erbsen, eine halbe Muschel und einen Krümel Brot aß und dazu Wasser trank; obwohl ihm sein Leibarzt, der berühmte Galenos, immer wieder gut zuredete, beharrte der Stoiker darauf, seinen Körper, lästiges Anhängsel des Geistes, keinesfalls zu verwöhnen. Man sagte, daß er sich gräme, wenn er beim Versuch, mit seiner Gemahlin Faustina weitere Erben zu zeugen, etwa Lust empfand."

Nun hat sich der Himmel völlig verdunkelt, erste Tropfen fallen aus den Wolken. Per Taxi fahre ich zurück in die Stadt. Aus den Bindfäden werden kräftige Schauer, die das strahlende Antlitz Roms verwandeln. Der englische Journalist und Reiseschriftsteller Henry Vollam Morton beschreibt das 1957 in seinen „Wanderungen durch Rom" vortrefflich: „Den ganzen nächsten Tag noch regnete es. Rom unter einem nassen grauen Himmel kam mir unendlich schäbig vor. Die Gebäude, die ihre Schönheit im Sonnenlicht der ungleichmäßig angesetzten Alterspatina verdanken, standen in dieser grauen Nässe da wie übernächtigte Festteilnehmer, die in ihren Kostümen bei Tageslicht nach Hause kommen. Regen hat in Rom eine höchst entmoralisierende Wirkung auf die öffentlichen Dienste. In London hätte man dieses Gewitter kaum erwähnt, hier brachte es die Straßenbahnen zum Stillstand und setzte sogar die Telefone außer Betrieb. Köstlich anzusehen war der erstaunte Gesichtsausdruck der Römer, die mit Schirmen und Regenmänteln zur Arbeit gingen und auf ihren Vespas durch die Straßen schlitterten, als ob eine fürchterliche Naturkatastrophe über ihre Stadt hereingebrochen sei." Ich selbst habe einmal Ähnliches erlebt: Schnee im Februar. Rom stand still! Anscheinend gibt es weder Räumwagen für die Straßen noch Schneeschieber für die Gehsteige. Die öffentlichen Gebäude wurden kurzerhand geschlossen. Der sonst brausende Verkehr erlahmte. Vor den Restaurants kehrten die Wirte mit Besen den Schnee notdürftig zur Seite, und ich sah auch einen, der mit einem Salzstreuer den Weg freizumachen versuchte. Rom reagiert entrüstet, wenn die Sonne mal Pause macht.

Nun aber betrachte ich den Regen mit stoischer Gelassenheit durchs Fenster eines Gasthauses. Welch herrliches Schauspiel: Die Tropfen fallen voller Wucht auf die Straße und springen wieder ein wenig nach oben. Die nasse Welt draußen kann mir nichts anhaben, denn vor mir steht ein Teller voll vor Hitze blubbernder Parmigiana di Melanzane, überbackene Aubergine mit Parmesan, Mozzarella und Tomatensauce. Nach einem warmen Getränk gefragt, bietet mir die Bedienung Kamillentee an. Den gab's in meiner Kindheit nur, wenn man krank war. Aber die Italiener lieben ihren Camomilla, und hier schmeckt er selbstverständlich ungleich besser als in meiner Erinnerung. Welch eine Gnade, essen und trinken zu dürfen. Denn eigentlich ist nichts selbstverständlich Eine betagte Freundin schreibt mir aufs Handy: „Ich werde nie mehr nach Rom kommen." Ich aber darf hier sein! Ich bin gesund. Hier herrscht Frieden. Gnade heißt auf Italienisch Grazia, eng verwandt mit Grazie: Ich danke Gott! Und bestelle noch einen gemischten Salat.

Im warmen Lokal lese ich – als spirituellen Nachtisch – ein paar Seiten in Gianfrancos Roman „Der letzte Sommer in der Stadt", eine literarische Entdeckung! Gerade erfreut mich eine feine Stelle: Leo, der Protagonist, will einen betrunkenen Freund heimfahren. Der aber wehrt sich. Er lobt Leo, seinen ehemaligen Saufkumpan, dem es gelungen ist, mit dem Trinken aufzuhören. Es folgt ein entzückender Dialog zwischen dem alkoholisierten Freund und dem Ich-Erzähler Leo. „‚Wie schafft man das?' ‚Versuch zu beten', sagte ich. ‚Ich bete nicht', sagte er, ‚bestenfalls bitte ich um einen Gefallen.' ‚Okay, aber lass uns jetzt die Segel setzen.' ‚Ich habe nein gesagt. Ich habe gesagt, dass ich dir erst was gestehen muss. Dann gehen wir zu dir, wir gehen, wohin du willst. Du bist ein starker Typ, aber das habe ich dir ja schon gesagt, du bist ein cleverer Kerl. Hältst dich abseits, und diese kleine, dreckige, heruntergekommene Welt ist dir scheißegal.'" – Leo wahrt, den Stoikern gleich, einen gewissen Abstand zu allem. Und er betet. Dabei ist das Buch keineswegs fromm, eher eine Mischung aus tragischer Liebesgeschichte und Liebeserklärung an Rom. Leo bekennt: „Mehr noch als eine Stadt ist Rom ein geheimer Teil von euch, ein verstecktes Raubtier." – Wiederum verstehe ich dieses Wort nicht mit dem Kopf, sondern mit Herz und Nieren. Ich will das Raubtier nicht zähmen!

Die Sonne bricht wieder hervor. Ich trete ins Freie, die Luft riecht frisch, es dampft, und ich zitiere auswendig ein paar Verse aus dem Gedicht „Die schwersten Wege" von Hilde Domin. In wunderbar lyrischer Weise drückt sie so viel spirituelle Kraft aus. Sie fordert auf, eine Kerze in die Hand zu nehmen, wie in den Katakomben, auch wenn das Licht kaum atme. „Und doch, wenn du lange gegangen bist, / bleibt das Wunder nicht aus, / weil das Wunder immer geschieht, / und weil wir ohne die Gnade / nicht leben können." Ohne Gnade läuft nix. Wir haben es nicht in der Hand. Das demütigt mein Bestreben, alles autonom bestimmen zu können. Aber es ist die größtmögliche Entlastung. Ich muss nichts leisten. Ich muss nicht einmal glauben. Oder beten. Aber ich darf. Das, immerhin, habe ich kapiert.

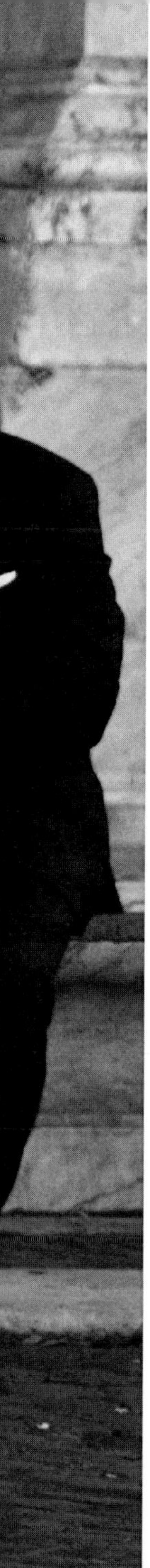

Vitamin R

„Nicht nur das Schöne, Gute und Wahre, sondern auch das Hässliche, Böse und Gewaltsame, nicht nur der Sinn, sondern auch der Wahnsinn des Lebens haben in Rom ihre Triumphe gefeiert“, schreibt Manfred Lütz in seinem opulenten Werk „Der Sinn des Lebens“. Rom sei immer noch ein lebendiges Gebilde, „das zu uns spricht, manchmal nur flüsternd und raunend, dann aber wieder laut und klar“. Ich kann ihm nur zustimmen. Aber irgendwann will ich von all dem nichts mehr hören.

Erfahrungsgemäß geschieht es am fünften Tag. Rom, mein Medikament gegen Weltschmerz und andere Plagen des menschlichen Daseins, dieses Rom wird mir zu viel. Zu viel Kunst; heute bin ich erschöpft vom Museum *MAXXI*, das moderne Kunst des 21. Jahrhunderts präsentiert: Bilder, Skulpturen, Graphiken, Fotos, Installationen, Videos … alles herrlich, aber zu viel. Zu viel auch der Geschichte. Zu viele Kirchen. Zu viel Geräusche, Verkehr, Schmutz, Menschen. Zu viel Essen und Trinken. Selbstverständlich, die Lösung liegt bei mir, ich müsste maßhalten.

Aber wie soll ich mich in dieser maßlosen Stadt bremsen? Die Reize fluten auf mich ein, und wie im Rausch kann ich nicht aufhören, alles aufzunehmen.

In einer kleinen Bar verzehre ich Suppli, frittierte gefüllte Reisbällchen, dazu ein Bier, das mir ein schlecht gelaunter Kellner serviert. Ich sitze drinnen mit dem Rücken zum Fenster. Einfach nur Kraft tanken, nichts beobachten. Ganz im Augenblick sein. Das erste Suppli schmeckt etwas langweilig, das zweite ist mir schon zu viel; aber immerhin, der Käse zieht Fäden, man isst die Suppli nämlich „am Telefon" (also wie durch ein Telefonkabel verbunden; ich finde das eher lästig als lustig). Das Bier war auch keine gute Wahl. Momentan kann man es mir nicht recht machen.

Ich hole meine Lektüre hervor, ein kleines Buch mit großen Worten. Simon Strauss feiert in seinen „Römischen Tagen" diese Stadt. Gegen Ende erzählt er: „Heute durch die Porta del Popolo gelaufen und nicht daran gedacht. Einfach durch sie hindurchgeschlendert und nichts gefühlt. Kein Hoheitsempfinden, keine Ganzheitssehnsucht. … Ich rede und schaue herum und weiß doch nicht, was es bedeuten soll – dieses Rom." Ich weiß es auch nicht, weiß aber, was er meint. Das Besondere wird auch einmal zu viel.

Soll ich zurück ins Hotel fahren und den Rest des Tages auf dem Balkon vertrödeln? Der Protestant in mir fordert mich auf, Zeit und Gelegenheit zu nutzen. Daheim werde ich mich wieder zurück nach Rom sehnen, es ist nur das Phänomen des fünften Tages. Da ich gerade in der Nähe bin, schlage ich einen kleinen Haken nordwärts zur *Milvischen Brücke*. Hier ereignete sich am 28. Oktober 312 das, was die „Konstantinische Wende" einleitete: Konstantin besiegt seinen Kontrahenten Maxentius und wird somit zum Alleinherrscher des Römischen Reichs. Vorher, so erzählt die Legende, sah Konstantin in einer Vision ein Kreuz aus Licht, dazu sprach eine Stimme: „In diesem Zeichen wirst du siegen." Darauf lässt er das Christusmonogramm XP als Feldzeichen anfertigen und auf die Schilde der Soldaten malen.

Er gewinnt im Bewusstsein, dass der Christengott ihm zur Seite steht – und macht bald darauf das Christentum zur alleinigen Staatsreligion. Ein geschichtsträchtiger Ort also, der (abgelegen vom Zentrum) geradezu verträumt und still daliegt. Der Tiber unter der Brücke fließt träge. So fühle ich mich auch, nach dem fettigen Mittagsmahl.

Um nicht über die laute *Via Flaminia* gehen zu müssen, nehme ich den Umweg am Tiber entlang, Richtung *Villa Borghese.* Der Park mit seinen Wiesen, Blumenbeeten, Alleen, Teichen und reichlich Bänken zum Ausruhen erfrischt Leib und Seele. Beim Kiosk-Wagen, der Getränke und Panini anbietet, hole ich mir ein Eis, das freilich nicht mit dem von Giolitti mithalten kann. Man könnte auch einfach mal zufrieden sein, mahne ich mich selbst.

Und dann, beim Blick vom *Pincio* auf die *Piazza del Popolo*, unter mir das hitzige Rom, von hier oben wirkt es fast beschaulich, am Horizont die Kuppel des *Petersdoms* … da überkommt mich doch römischer Friede:

Grazie Mille

Vertraute Fremdheit.
Angekündigtes Missverständnis.
Banaler Dreck vor klarem Himmel.
Ewiger Lärm überdeckt Klänge der Ewigkeit.
Frömmigkeit, die klebt, aber auch reine Mystik.
Konglomerat aus Genuss, Enttäuschung
und nie sterbender Verheißung.
Die Vergangenheit erdrückt eine ungewisse Zukunft.
Und doch schenkst du mir, mein Rom,
das niemand und allen gehört,
ein glückliches
Jetzt.

Mein Spaziergang führt mich zur Kirche *Santissima Trinità dei Monti*, die am oberen Ende der *Spanischen Treppe* liegt. Ich trete ein, es wird gerade eine Hochzeit zelebriert. Dem Brautpaar vorn in der Mitte, das der Predigt eines greisen Liturgen lauscht, wünsche ich in Gedanken alles Gute. „Was Gott verbunden hat, das soll der Mensch nicht trennen“, sage auch ich bei einer Trauung. Aber ist es Gott, der die beiden verbindet? Was, wenn es nicht klappt? Wenn die beiden nach fünf oder zwanzig Jahren feststellen: Es geht nicht! Für Katholiken gibt es keine Scheidung, höchstens Annullierung, also die fiktive Feststellung, die Ehe habe nie gültig bestanden. Auch Jesus sieht die Scheidung kritisch: Wer nach der Scheidung wieder heiratet, begehe Ehebruch (vergleiche Markus 10,11 f.). So schwer es mir fällt, hier muss ich dem Herrn widersprechen! Jesus war nicht verheiratet. Er weiß nicht, wie unerträglich das Zusammensein mit einem Menschen sein kann, den man einmal geliebt hat – und der einem irgendwann, irgendwie fremd wurde. Als Seelsorger höre ich schlimme Lebensgeschichten. Da quälen sich Paare aneinander, bis zum Tod. Der Mann einer Freundin sprach jahrelang kein Wort mit ihr. Scheidung ist kein leichter Ausweg, aber manchmal die bessere Alternative. Und warum danach nicht einen neuen Anfang wagen? Christus sagt an anderer Stelle: „Barmherzigkeit will ich, nicht Opfer!“ (Matthäus 9,13). Das Opfer einer lebenslangen Ehe, die keine mehr ist, dient niemandem. Dass Gott uns in unserer Schwachheit barmherzig annimmt, darauf gründet mein Vertrauen.

Während ich im traditionsreichen *Caffè Greco* – hier kehrte Goethe regelmäßig ein – Kaffee und Kuchen genieße (Qualität und Preise der Spitzenklasse!), ruft mich ein befreundeter Priester an, der an einer päpstlichen Universität als Professor lehrt. Wir verabreden uns zum Abendessen in einem Gasthaus am *Lateran*. Der Bruder im geistlichen Amt überredet mich, Carciofi alle giudia zu probieren, Artischocke jüdischer Art. Sie wird am Stück frittiert und dann mit einer Zitronenmayonnaise goutiert. Exzellent, wie gut, dass ich auf ihn gehört habe. Wir sprechen über Gott und die Welt, die Kirche und das Leben, kommen vom Bischof auf die Heringe, wie einmal jemand assoziative Konversation beschrieb, und er fragt mich, ob ich am nächsten Morgen bei ihm in der Sonntagsmesse predigen möchte. Er würde übersetzen. Ohne nachzudenken sage ich zu und frage erst dann, was das Thema des Sonntags sei. Er erhebt die Hände wie zum Gebet: „Sprich, worüber du willst. Sprich von dem, was dich bewegt." Ich weiß es sofort und antworte: „Mit zunehmendem Alter werden meine Bilder von Gott immer unklarer. Dafür wird Gott zur Tatsache, über den bloßen Glauben hinaus. Das ewige Leben, von dem ich mir alle festen Vorstellungen verbiete, ist zur Gewissheit geworden. Und alle Wunder, die ich mir früher als denkender Zeitgenosse nicht gestattete anzunehmen – sie erscheinen mir mittlerweile wirklicher als die sogenannten Realitäten." Der Priester lächelt wie ein Verbündeter und nickt: „So ist es, mein Freund." Er bestellt zum Abschluss einen Amaro, aber nicht den süßen, sondern einen Bitterschnaps mit 40 Prozent. Die Adresse seiner Kirche in einem Vorort wird er mir zumailen. Bis spät in die Nacht mache ich mir Notizen für meine Predigt. Es seien einfache Leute, hatte mir der Freund gesagt, überwiegend Alte, dazu ein paar Nonnen.

Nebenher entsteht ein kleines Gedicht, das im Gottesdienst am nächsten Tag allerdings nicht vorkommt:

Der Wunderbare

Von Anfang bis Ende
säumen Wunder seinen Weg
Eine Jungfrau zur Mutter –
wen wundert's?
Nichts ist unmöglich
für Gott
Jenseits des Verstandes
flüstert der Glaube:
Amen.

Am nächsten Morgen bringt mich das Taxi zur Adresse, die ich bekam: Via Soundso 26. Da sind Wohnhäuser und Geschäfte, aber keine Kirche. Ich rufe den Freund an, es stellt sich ein Missverständnis heraus: nicht 26 war die Hausnummer, sondern 265! Partout kein Taxi will halten. Auch als Anhalter nimmt mich niemand mit. Ich haste die rund zwei Kilometer in großer Eile, komme außer Puste zehn Minuten zu spät, man hat auf mich gewartet. Eine Albe angezogen, Stola drüber und wir ziehen ein. Der Priester stellt mich als evangelischen *Pastore* vor, ich sitze neben ihm am Altar und spreche dann satzweise über mein Lieblingsthema: „Wir wissen, dass Gott bei denen, die ihn lieben, alles zum Guten führt" (Römer 8,28). Das Leben fordert uns heraus, wer glaubt, hat nicht weniger Probleme. Mit Gott aber schaffen wir es. Die Seniorinnen und Senioren lächeln mich an, signalisieren Aufmerksamkeit, Zustimmung, Sympathie. Später, beim Friedensgruß, küssen mich die Frauen links und rechts auf die Wangen, ich bin glücklich. Und zur Kommunion stehe ich neben dem Theologieprofessor am Altar und erhalte aus seiner Hand den Leib und das Blut Christi. In Köln wäre das gefährlich, aber in Rom geht so etwas!

Beim Mittagessen (Frikadellen und Puntarelle, eine Art Chicorée) schwebe ich noch im siebten Himmel. Bei Simon Strauss lese ich: „Mit Rom im Bewusstsein kann es gutgehen. Diesem Leoparden – vom Wolf sprechen nur die Getäuschten –, der auf der Treppe zum Paradies liegt, den Erzengeln zu Füßen. Wer sich mit ihm anfreundet, hat eine Chance auf Glück." Nun, selbst Freundschaften leben von der klugen Balance aus Nähe und Distanz. Jede Reise in diese Stadt ist jedoch eine Impfung mit Vitamin R: vom Wahnsinn Roms gestärkt dem Wahnsinn unserer Existenz standhalten! Wer das schafft, schafft auch alles andere.

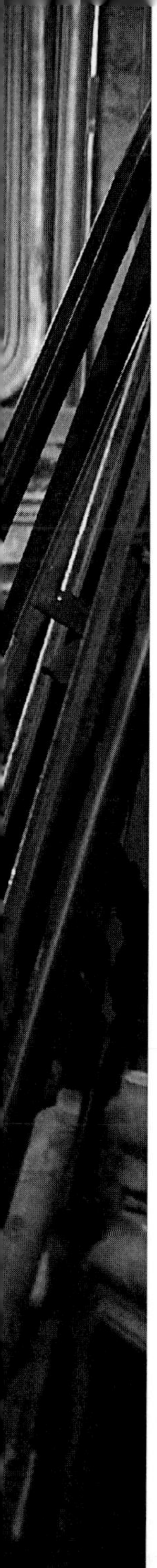

Durch die Bilder hindurchsehen

Rom sei eine „große, ungeheure, öde Begräbnisstätte“ moserte einst Karl May. Wo seit Jahrtausenden Menschen leben – sterben sie auch, und so findet man überall Tote oder deren Reste. Besonders eindrucksvoll in der Kapuzinerkirche *St. Maria della Concezione* am Ende der Einkaufsstraße *Via Veneto.* In fünf unterirdischen Kapellen werden die Gebeine von etwa 4000 verstorbenen Mitbrüdern aufbewahrt. Und das auf spezielle Art und Weise: Schädel und Knochen sind an den Wänden zu Mustern und Ornamenten geordnet, außerdem werden einem Skelette in Mönchskutten präsentiert, die einen ziemlich tot anschauen … Nach einigen Jahren Abstinenz bestaune ich diese eigenwilligen Kunstwerke heute noch einmal: Als wollten die Überlebenden den Tod verhöhnen nach dem Motto: „Na und? du kannst uns nichts anhaben.“ Irgendwie bewundernswert, aber ich beschließe, hier muss ich nicht noch einmal hin. In einer Bar spüle ich mit einem alkoholfreien Sanbitter den bitteren Schauder runter.

Ich mache mich zu Fuß auf den Weg in Richtung *Vatikan*. Unterwegs betrachte ich Schaufenster (schöne Schuhe, aber ich brauche gerade keine), schlüpfe kurz in eine Kirche hinein, bestaune, dass an einer normalen Straße Zitronenbäume stehen, deren Früchte allerdings vom Ruß der Fahrzeuge einen Grauschleier haben. Nach einer knappen Stunde erreiche ich den *Petersplatz*. Links daneben kommt man zum Gottesacker für deutsche Pilger. Da der sich auf vatikanischem Gebiet befindet, muss man einen Schweizergardisten um Einlass bitten. Als deutschsprachiger Pilger darf man durch; ich, der Pfarrer im Kollarhemd, werde sogar militärisch gegrüßt. Ich fühle mich geehrt und erreiche beschwingt den *Campo Santo Teutonico*. Ein herrlicher Ort, der seinem Namen alle Ehre macht: hier herrschen Frieden und Ruhe! Die gepflegten Gräber schenken Muße und Versöhnung mit der Sterblichkeit. Also, ich wäre spontan bereit, über die letzte Schwelle zu schreiten, stante pede. – Darf ich so denken? Was würden Frau und Kinder, Freunde und Gemeinde sagen? Ach, wenn sie erführen, ich hätte in Rom mein Leben ausgehaucht, sie würden es mir gönnen. Doch noch muss ich funktionieren. Und ich weiß, nicht ich öffne die Tür, sie wird mir einmal aufgetan. Ich summe die Melodie des Liedes „Jesu, geh voran“. In der letzten Strophe dichtet der Pietist Nikolaus Graf von Zinzendorf so schön: „Tu uns nach dem Lauf deine Türe auf!“ Mit zunehmendem Alter werden mir die alten Texte immer wichtiger. Im schmiedeeisernen Friedhofstor lautet die Inschrift: „Teutones in Pace“, was so viel heißt wie: „Deutsche ruhen hier in Frieden.“ Papst Pius XI. soll es übersetzt haben mit: „Hier geben sogar die Deutschen Ruhe.“ Für solche Anekdoten liebe ich die Römer.

Eine Station will ich vor der Mittagspause noch absolvieren: die französische Nationalkirche *San Luigi dei Francesi* in der Nähe der *Piazza Navona*. Sie beherbergt drei Bilder von Caravaggio. Eines, das den Hl. Matthäus zeigt, wie er sein Evangelium schreibt. Ein anderes, auf dem er das Martyrium erduldet. Am stärksten jedoch wirkt das erste Werk aus dieser Trilogie, die Berufungsszene. Überirdisches Licht fällt auf eine Gruppe von Männern unterschiedlichen Alters. Matthäus weist mit dem Finger auf sich selbst, fragend: „Bin ich gemeint?“ Leider befindet sich das Bild an der linken Seite einer dunklen Kapelle, so ist der Betrachtungswinkel nicht optimal. Außerdem lässt die Beleuchtung (gegen Münzgeld) zu wünschen übrig. Und dennoch entfaltet dieses Werk eine grandiose Wirkung – eben Caravaggio: Gottes Heiligkeit bricht in die profane Welt ein!

Ich muss an ein anderes Bild dieses Malers denken, das in Dresden zu sehen, mir aber innerlich sehr präsent ist: Wie der Apostel Thomas vor dem auferstandenen Christus steht und seinen Finger in dessen Seitenwunde legt. Der Bibeltext Johannes 21,24–29 überliefert übrigens nur das Angebot Jesu, ihn anzufassen, nicht aber, ob Thomas davon Gebrauch gemacht hat. Über dieses Bild habe ich einmal an Ostern gepredigt. Was hat Thomas in diesem Moment gespürt: kaltes oder warmes Fleisch?

Wie schief diese Frage doch ist! Caravaggios Bild ist keine Fotografie einer realistischen Szene. Es zeigt uns Augenmenschen, was nicht zu sehen ist. Sprachliche Bilder funktionieren genauso: sie wollen das Unsagbare ins Wort bringen. Das leere Grab, Auferstehung, ewiges Leben, Himmel, Paradies, Reich Gottes – wie gut, dass wir diese Bilder haben. Doch wir sollen durch die Bilder hindurchsehen. Die Wirklichkeit, die uns jenseits des Todes erwartet, wird ganz anders sein. In dieser vorläufigen Welt dienen die Bilder uns daher als vorläufige Hilfe, unser Vertrauen zu stärken: das Ende ist nicht das Ende, sondern ein Übergang. Mein Beruf bringt viele Begräbnisse mit sich, eine sehr erfüllende Tätigkeit. Wir legen in die Erde, was übrigbleibt, einen Leichnam oder Asche, mehr nicht. Was einen Menschen einzigartig gemacht hat, kann man nicht bestatten. Nenne es Seele oder wie auch immer, auch nur ein Bild für das, was sich jeder Beschreibung entzieht. Wer Spaß dran hat, kann übrigens mit meinen Gebeinen später einmal ein Mandala legen, ähnlich den Kapuzinern.

Nun aber zurück ins Licht, ins Leben. In einer kleinen Osteria kocht der Chef persönlich, und seiner Erscheinung nach probiert er selbst reichlich alle Speisen. Seine Minestrone ist eine harmonische Komposition aus Zwiebeln, Kartoffeln, Zucchini, Staudensellerie, Möhren und Bohnen, jedes Gemüse mit genau richtigem Biss. Dazu ein Viertel Soave, intensiv gelb mit einem Grünstich, er riecht frisch, hat eine Bitternote, etwas Erdiges. Zum Nachtisch frische Erdbeeren mit einem Schuss Amaretto … es hat doch seine Vorteile, noch am Leben zu sein!

Nach einem entspannenden Schläfchen – ich ließ mich nämlich zu einem zweiten Viertel hinreißen – und einem Tote aufweckenden doppelten Espresso mache ich es mir auf der Dachterrasse meines Hotels gemütlich. Dort nehme ich mir, inspiriert von Caravaggio, das Werk des Matthäus vor. Das erste Evangelium beginnt mit einem Stammbaum, der vor allem zungenbrecherische Namen parat hält. Nach der kurzen Geburts- und Kindheitsgeschichte Jesu tritt Johannes der Täufer auf. Dieser tauft Jesus, der wiederum über vierzig Tage hinweg in der Wüste seine Berufung klärt. Und dann kommt die Bergpredigt, das Grundgesetz der neuen Weltordnung, der Gegenentwurf zur Wirklichkeit – damals und heute. Fanfarenklängen gleich setzt diese Rede mit den Seligpreisungen ein. Eigentlich müsste ich nach jedem Satz innehalten, lasse mich aber vom Schwung des Predigers mitreißen. Doch schon tun sich Fragen auf. Jesus sagt: „Wer auch nur eines von den kleinsten Geboten aufhebt und die

Menschen entsprechend lehrt, der wird im Himmelreich der Kleinste sein. Wer sie aber hält und halten lehrt, der wird groß sein im Himmelreich" (Matthäus 5,19). – Theologisch ist mir klar, was das bedeuten soll: Jesus sieht sich mit seiner Botschaft auf gleicher Linie mit der Tora und den Propheten des Alten Bundes. Doch ich bleibe daran hängen, dass es anscheinend sogar im Himmel noch Kleine und Große geben wird. Die Hierarchie muss ein Ende haben, selbst wenn sie bei Gott umgekehrt sein sollte. Ich hoffe, dereinst braucht es kein oben und unten mehr. Mein Wunsch klingt nach gelungenem Sozialismus … Bilder, sage ich mir selbst, es sind alles nur Bilder; schau durch sie hindurch! Man kann das Evangelium nicht wie einen Roman lesen, wo 80 Seiten nix sind. Jedes Gleichnis, jedes Wunder, vor allem die Geschehnisse vom letzten Abendmahl bis zum Missionsbefehl des Auferstandenen – alles ruft Erinnerungen hervor, Bezüge, Gedanken, Stimmungen, Gebete, Lieder. Die Bibel, das Buch der Bücher, kann ich immer wieder neu mit Gewinn lesen.

Es ist spät geworden. Ich verzehre ein Stück Foccacia, das ich aus der Osteria mitgenommen habe, trinke stilles Wasser, preise Gott für alles und mache einen Spaziergang durch das nächtliche Rom. Die ewige Stadt ist nicht New York, das niemals schläft, auch kein Neu-Delhi, wo nachts um zwölf der Verkehr kaum weniger hektisch ist als mittags um zwölf. Rom wird leiser. Um Mitternacht finde ich immerhin noch eine geöffnete Eisdiele. Springbrunnen glitzern in der Dunkelheit. Vor einem Luxushotel fahren Limousinen vor, es steigen Männer im Smoking aus und Frauen in superkurzen Kleidern, über deren Saum sie garantiert nicht stolpern. Diese Leute mögen mehr Geld haben als ich, mehr Macht, mehr Ansehen. Nicht aber mehr Zufriedenheit. Ich schlendere zum Tiber, steige die Stufen hinab, um näher am Wasser zu sein. Roms Innenstadt ist hell erleuchtet, unten am Fluss lassen sich die Gestirne am Firmament besser bestaunen. Manchen ist dieser Blick ein Beweis dafür, dass es keinen Gott geben kann. Für mich gilt es umgekehrt. Unsere Theorien vom Weltall sind Bilder, wichtige und wertvolle. Aber hinter den Bildern geht es weiter. „leicht wird mir / im Schmerz / um die verlorenen Bilder", formuliert Herbert Stangl in einem Text so zart.

Dass alles aufhört zu existieren, die Vorstellungen eines Jüngsten Tages, des Jüngsten Gerichts, haben wir bedauerlicherweise religiösen Splittergruppen oder amerikanischen Katastrophenfilmen überlassen. Das Bild vom neuen Himmel und der neuen Erde, von dem Jesaja, der zweite Petrusbrief und die Offenbarung sprechen, ist das Eingeständnis, dass niemand eine Idee hat, wie diese Welt mit ihrem Unrecht, ihrer Gewalt, ihren Tränen und dem Tod noch zu retten sei. Jenseits von Eden bleibt das ursprüngliche Paradies süße Erinnerung. Doch wir hoffen auf eine Zukunft, die unsere Dimensionen übersteigt.

Dort unten am Tiber fällt ein Schimmer göttlichen Lichts auf mich, wenn auch nicht ganz so intensiv, wie Caravaggio ihn auf Matthäus fallen lässt. Mir kommt in den Sinn, was ein Sklave den römischen Imperatoren ins Ohr flüsterte, während sie bei einem Triumphzug vom Volk bejubelt wurden: „Bedenke, dass du sterben wirst." Ich bedenke und sage nur: Na und?

Römisches Unbehagen

Er habe sich die *Villa Torlonia*
unrechtmäßig angeeignet,
erklärt die Fremdenführerin,
verliert aber kein weiteres Wort
über den Faschisten Mussolini,
an dessen Händen viel Blut klebte.
Ich bin irritiert.

In der *Cinecittà* sind die Studios
nicht zu besichtigen,
dafür ist der Ticketpreis saftig.
Die italienische Guide spricht Englisch
so schnell wie ihre Muttersprache.
Ich verstehe kein Wort.

Der Aufseher in der *Sixtinischen Kapelle*
fordert die Besuchermassen
mit Pfiffen aus der Trillerpfeife auf,
schneller das Heiligtum zu durchqueren.
Ich komme mir vor wie ein Stück Vieh.

Den schlechten Erfahrungen jedoch
überlasse ich nicht die Deutungshoheit:
Das irdische Rom ist eben noch nicht
das himmlische Jerusalem.

LUTHER
POSCA
FARE L'
FARE L'

Im Glauben erwachsen werden

„Eine ehrwürdige Legende erzählt also. In den Zeiten des Papstes Liberius (352–366) lebte in Rom ein reich begüterter Mann, der Patrizier Johannes. Da er keinen Erben seiner Reichthümer hatte, wünschte er sie für ein gottgefälliges Werk zu verwenden. In der Nacht vom 4. auf den 5. August 352 erschien dem Schlummernden im Traume die heilige Jungfrau und hieß ihn zu ihren Ehren an der Stelle eine Kirche zu bauen, wo er am folgenden Morgen frisch gefallenen Schnee finden würde. Das gleiche Traumgesicht hatte in derselben Nacht der Papst Liberius. Am Morgen des 5. August strömte Rom hinauf auf den esquilinischen Hügel, denn eine große Fläche war mit Schnee bedeckt. Liberius und der Patrizier Johannes sahen darin eine Bestätigung der nächtlichen Erscheinung. Sofort zeichnete der Papst in den Schnee die Umrisse der Kirche, welche rasch gebaut und der heiligen Jungfrau geweiht wurde."

So blumig erzählt der hochwürdige Benediktinerpater Albert Kuhn in seinem Buch „Roma. Die Denkmale des christlichen und des heidnischen Rom in Wort und Bild" die Entstehung der Kirche *Santa Maria Maggiore*. Das Werk ist 1877 erschienen. Eine meiner Schwestern schenkte mir den Folianten,

570 vergilbte Seiten, mit Kupferstichen illustriert. So ein unhandliches Buch nimmt man nicht mit in die Ewige Stadt, zu Hause jedoch macht es Spaß, darin zu schmökern. Immerhin betrachtet der fromme Autor die Schneegeschichte als Legende und nicht als historische Tatsache. Schade eigentlich, denn demnach kann der Papst auch Architekt!

Weil mein kleines Hotel auf dieser Reise nur wenige Minuten entfernt liegt, verweile ich täglich eine Zeitlang in *Santa Maria Maggiore* und feiere die Messe mit, übrigens eine der wenigen Kirchen auf der Welt, in der seit mehr als 1500 Jahren täglich Gottesdienst stattfindet. In der Apsis sieht man – wie Georg Röwekamp in seinem biblischen Reiseführer über Rom angenehm unaufgeregt beschreibt –, „umrahmt von Engeln und den Ranken eines Weinstocks, ein Motiv, das keine biblische Szene (mehr) zeigt, sondern die weiterentwickelte, mittelalterliche Marienfrömmigkeit: Wie ein Paar sitzen Christus und die von ihm gekrönte Maria auf einem Thron und symbolisieren so die endzeitliche ‚Vermählung' von Gottheit und Menschheit."

Das Konzil von Ephesus im Jahr 431 stellte nach konzilstypischen Querelen fest, Maria sei nicht nur als Mutter Christi zu verehren, sondern dürfe – weil Christus Gott ist – sogar „Gottesgebärerin" genannt werden. Der große Titel „Gottesmutter" ist das eine, die dogmatischen Auswirkungen das andere. Aus der nüchternen, biblischen Perspektive eines Protestanten könnte man mitunter denken, die Katholiken würden Maria als Teil einer Vierfaltigkeit betrachten. Da würde ich nicht mehr mitgehen wollen.

Ich vergegenwärtige mir, wo die Heilige Schrift Maria erwähnt. Prominent vor allem in den Erzählungen um die Geburt Jesu: „Ich bin die Dienerin des Herrn und beuge mich seinem Willen. Möge alles, was du gesagt hast, wahr werden und mir geschehen“ (Lukas 1,38), antwortet sie dem Engel bei der Verkündigung; starke Worte! Noch stärker dann das Magnifikat, das sie bei Elisabeth singt, ein Loblied auf Gott, der die Machtverhältnisse dieser Welt auf den Kopf stellt. Nachdem sich später die Hirten von der Krippe verabschieden, heißt es: „Maria aber bewahrte alle diese Dinge in ihrem Herzen und dachte oft darüber nach“ (Lukas 2,19). Als sich der zwölfjährige Jesus bei der Wallfahrt nach Jerusalem ohne Erlaubnis seiner Eltern im Tempel aufhält, fährt ihn seine Mutter an: „Kind! Wie konntest du uns das antun? Dein Vater und ich waren in schrecklicher Sorge. Wir haben dich überall gesucht“ (Lukas 2,48). Doch aus dieser Aufregung spricht nur die mütterliche Liebe und Fürsorge. Maria veranlasst den mittlerweile erwachsenen Jesus zu seinem ersten Wunder, übrigens weder eine Krankenheilung noch eine Totenerweckung, keine Brotvermehrung, sondern die Weinvermehrung bei der Hochzeit zu Kana (Johannes 2,1–12). Schließlich steht sie unter dem Kreuz ihres Sohnes (Johannes 19,26 f.). Ob Maria auch eine der Frauen ist, die als erste Zeuginnen der Auferstehung werden, bleibt unklar, dafür wird sie im Rahmen der Pfingstgeschichte ausdrücklich erwähnt: Sie harrt nach der Auferstehung gemeinsam mit den Aposteln in Jerusalem einmütig im Gebet aus (Apostelgeschichte 1,14).

Die Krönung der Gottesmutter betrachtend, ein sehr stilvolles Mosaik übrigens, rufe ich mir diese Bibelstellen in Erinnerung. Aber es drängt sich auch eine andere hinein: Wie man Jesus, dem vielbeschäftigten Prediger, mitteilt, seine Mutter würde draußen warten, und er ziemlich barsch antwortet: „Wer ist meine Mutter? Wer sind meine Brüder? … Diese Leute hier sind meine Mutter und meine Brüder. Wer den Willen Gottes tut, ist mein Bruder und meine Schwester und meine Mutter“ (Markus 3,33–35).

Die Marienfrömmigkeit mit all ihrem Kitsch kann ich mit gutem Willen als den Versuch begreifen, das Weibliche in eine männlich dominierte Religion zu integrieren. Eine Art christlicher Feminismus. Maria als die erste und vollkommenste Christin zeigt exemplarisch, der Mensch ist zu Großem berufen und fähig.

Maria als die ideale Mutter diente aber in der Kirchengeschichte auch der festgezurrten Rollenzuschreibung der Frau: „Du bist fürs Kinderkriegen da, welch edle Aufgabe – doch herrschen in der Kirche, wie die Männer, das darfst du nicht." Selten bin ich so gern evangelisch, wie wenn ich eine Frau im geistlichen Amt einer reformatorischen Kirche sehe: als Diakonin, Priesterin/Pfarrerin oder Bischöfin. Die katholische Kirche bringt sich selbst um ungezählte Talente, sie verhindert Berufungen. Sich damit auf Gottes Willen zu stützen, ist wirklich kühn. Dem Wunsch und Willen vieler Frauen auf dem ganzen Globus, zum Dienst in der Kirche geweiht zu werden, wird sich die Institution vielleicht noch eine Weile entgegenstemmen können. Frauen am Altar wird sie auf Dauer nicht verhindern können. Haben sie dort erst einmal ihren Platz wie die Männer, verkünden sie das Evangelium, feiern sie die Eucharistie und die anderen Sakramente – man wird sich fragen, warum so lange darauf verzichtet wurde.

Der Mutterkult bekommt eine Schattenseite, wenn er aufgrund von patriarchaler Macht missbraucht wird. Zudem soll man sich Maria, nach offizieller Lesart, als jungfräuliche Mutter vorstellen. „Geboren von der Jungfrau Maria" heißt es im Apostolischen Glaubensbekenntnis, das auch von evangelischen Christen am Sonntag gesprochen wird. Jungfräulichkeit ist viel mehr als sexuelle Unberührtheit. Und sie ist gänzlich ungeeignet, Sexualität an sich negativ zu bewerten. Da sollten die römischen Katholiken von den römischen Heiden (wie Pater Albert Kuhn eingangs unbefangen schrieb) lernen: Die antike Kunst preist weibliche Schönheit, ebenso männliche, stellt überaus reizende Körper dar und spart nicht mit erotischen Szenen. Lust ist kein bedauernswertes Nebenprodukt menschlicher Reproduktion, schon gar keine Sünde, sondern eine Gabe des Schöpfers. Sex soll Spaß machen!

Nebenbei: Der Zölibat (für Gott sogar auf sexuelle Intimität verzichten) mag eine ergreifende Faszination ausüben, aber er funktioniert bei den meisten einfach nicht. Christen sind eben normale Menschen, auch Priester, und zur Menschlichkeit gehört die Sexualität mit ihren Spielarten. Unter Katholiken wird es nicht weniger lesbische, schwule oder queere Menschen geben als im Rest der Bevölkerung. Da bin ich ein wenig stolz auf meine evangelische Kirche, sie akzeptiert das mittlerweile ganz selbstverständlich.

Bei der Messe in *Santa Maria Maggiore* habe ich das meiste nicht verstanden, weil mein Italienisch zu schwach ist, aber den „Spirit" konnte ich aufnehmen. Der Ritus ist mir vertraut, das Vaterunser bete ich still auf Deutsch mit. Mein Freund Rhaban und ich absolvierten vor Jahren den Grundkurs A1 Italienisch mit Erfolg. Aber danach muss man dranbleiben. Üben. Einfach viel sprechen. Ich bekenne: Mir mangelt es an der nötigen Disziplin. Als Rhaban und ich einmal in Rom eine Bustour machen wollten, überlegten wir vorher, wie man zwei Karten ordert: „Buongiorno, vorremmo due biglietti, per favore." Wir losten aus, wer die Karten kauft, ene mene miste, Rhaban musste ran. Er holte Luft und sagte: „Good afternoon, we want two tickets, please!" Ich kommentierte erheitert: „Blödmann, du sollst Italienisch sprechen!" Da antwortete die Frau hinterm Schalter: „Sie können ruhig Deutsch mit mir reden." So kommt man natürlich nicht weiter. Aber immerhin habe ich einmal ein Missverständnis verhindern können. Während ein Priester deutschen Rom-Wallfahrern auf Französisch katholische Ökumene erklärte, übersetzte eine Teilnehmerin aus der Pilgergruppe: „Die Kirche fördert den Kommunismus." Ich griff ein, ohne verstanden zu haben, was der Priester wirklich gesagt hatte, aber das konnte nicht richtig sein. Es stellte sich heraus, er hatte von „ecumenisme" gesprochen, dem Ökumenismus.

Regen ist angesagt, ich schleppe den Schirm mit, es fällt kein Tropfen. In einem Lokal mit Blick auf *Santa Maria Maggiore* ordere ich Muschel-Risotto. Die Miesmuscheln mit Hilfe einer Schale rauszupulen gefällt mir zwar nicht, und selbst die Bestellung geht mir nicht leicht über die Lippen (*cozze* lässt in meiner Sprache an etwas anderes denken), doch dieses Gericht schmeckt köstlich. Beim Kauen frage ich mich, warum mich das Marienthema so bewegt. Nun, zum einen trage ich diesen Namen als zweiten Vornamen. Bei Männern ungewöhnlich, doch wir haben uns an Rainer Maria Rilke, Carl Maria von Weber oder Rainer Maria Woelki gewöhnt. Alle meine Geschwister haben diesen Zweitnamen, Mädchen wie Jungen. Eine katholische Tradition. Ich mag die Maria im Namen. In ihr sah ich allerdings nie eine Mutter, denn ich hatte ja eine, sondern eine Art Tante, Schwester, Freundin, eine, zu der man immer kommen kann.

Die Rede von Maria als Mutter korrespondiert mit der Rede von Gott als Vater. Das erhöht Maria, bleibt aber schief. Überhaupt meine ich – mittlerweile genieße ich eine dezentsüße Panna cotta mit zart-sauren Waldbeeren –, so viel von Vater und Mutter zu sprechen ist nicht angemessen, denn damit bleibe ich als Gläubiger immer Kind. Ja, ich soll Gott wie ein Kind vertrauen, aber ich bin eben keines mehr. Ich kann frei denken und will es auch. Ich frage, ich zweifle. Ich muss mich in dieser Welt zurechtfinden. Entscheidungen fällen. Verantwortung übernehmen. Ich kann mich nicht zu den Eltern flüchten, damit die es schon richten. Auch in Sachen Glauben muss ich erwachsen werden. Gott hat kein Interesse daran, mich in Abhängigkeit zu halten.

Selbstredend gibt es ein Kind in mir. Aber es bildet nur einen Anteil meiner Persönlichkeit. Daher tue ich mich auch schwer mit dem Bild von Mutter Kirche. Mütter, die es nicht ertragen, dass ihre Kinder groß werden, sind schwer erträglich. In *St. Paul vor den Mauern* wurde ich einmal durch Zufall Zeuge eines kleinen Aufstandes gegen diese Mutter: Im Rahmen einer Ministrantenwallfahrt zelebrierte der Kölner Kardinal eine Messe mit zweitausend Kindern und Jugendlichen. Während seiner Predigt kam es zu einer Protestaktion: Einige standen auf und wandten dem Bischof den Rücken zu. Ich war gerührt, als ich sah, wie zwei Mädchen in der Reihe vor mir auf dem Stuhl wippten: „Traue ich mich aufzustehen oder nicht, ja, nein?", und dann standen sie da. Wahrscheinlich zitterten sie an Leib und Seele. Aber sie hatten den Mut gefunden, ihre Überzeugung wichtiger zu nehmen als den Gehorsam.

Regnet es bald oder nicht? Egal, ich muss an die Luft. Eine halbe Stunde laufe ich zum *Monumento a Vittorio Emanuele*, das die Römer auch Hochzeitstorte, Gebiss oder Schreibmaschine nennen (nur für Dinosaurier verständlich, die noch alte mechanische Büro-Schreibmaschinen kennen). Es steht für die Einigung Italiens, wurde 1911 vollendet und soll mit seiner Monumentalität im protzigen weißen Carrara-Marmor an die Größe des Römischen Reichs im Altertum anknüpfen und auch ein Gegengewicht zu den prächtigen Sakralbauten sein. Hier feiert sich Italien selbst. Ein Symbol der Macht, wie die Kathedralen. Zum Staat mag das passen, zur Kirche nicht. Gott macht was mit der Macht, wie Maria singt: „Er stürzt die Mächtigen vom Thron und erhöht die Niedrigen" (Lukas 1,52).

Deswegen, obwohl ich ein wenig müde bin und fürchte, gleich kommt der Regen nun wirklich, wandere ich noch zum *Petersdom*. Die Einlassschlange hält sich in Grenzen, nach zwanzig Minuten trete ich ein. Dieses Macht ausstrahlende Gotteshaus beherbergt das ergreifendste Kunstwerk der Ohnmacht, gleich wenn man eintritt rechts: *die Pietà*. Michelangelos Maria ist sehr jung. Sie hält den gemarterten Jesus im Arm. Tot. Wer eines Kindes Mutter oder Vater ist und sich diese Szene am eigenen Leib vorstellt, den packt das Mitleid. Maria ist hier Identifikationsfigur für alle, die solche Leiden erdulden müssen. „Ich habe mich nur mit Schmerzen losgerissen von der wundervollen Tragik dieses Leidensbildes", notiert Gerhart Hauptmann 1897 in sein Tagebuch. Weniger sentimental lässt Robert Gernhardt ein Gedicht beginnen: „Deutsches Dichter kommt nach Rom, / geht sich gleich in Petersdom. / Sucht dort eine Pietà, / macht sich deutsches Dichter: Ah!"

Die Institution Kirche mit ihrem Anspruch, ihren Bildern und Symbolen vereint viele Widersprüche. Ich auch, und singe leise das Salve Regina.

Der Leib Christi

Der Leib Christi, Kommunion:
Brot des Lebens, Gottes Sohn.
Der Leib Christi, das sind wir:
Du und ich und alle hier.

Menschen bestehen nicht nur aus Verstand,
brauchen die Augen, die Nase, die Hand.
Streiten das Ohr und der Fuß, wer bleibt heil?
Alle sind sie doch vom Leib nur ein Teil.

Auch unsre Kirche: Ein Körper, der lebt,
hungert und atmet, mal leidet, mal schwebt.
Tausende Teile, verzichtet auf keins.
Alle verschieden und doch alle eins.

Eine Gemeinschaft, zusammengeschweißt
durch Gottes Liebe, die Taufe, den Geist.
Keiner kann alles und niemand kann nichts.
Alle sind wir doch die Strahlen des Lichts.

Nicht römisch. Dennoch katholisch

Hier leben Menschen: Neben den Abertausenden Touristen und Pilgern, die Rom nur kurzzeitig besuchen, sind hier rund drei Millionen zu Hause. Im Mittelalter sank die Bevölkerung auf weit unter 100.000. Dabei war Rom bereits in der Antike eine Millionenmetropole gewesen, wurde es dann aber erst wieder in den 30er Jahren des 20. Jahrhunderts. Heute ist Rom alte oder neue Heimat von Bürgerinnen und Bürgern aus allen Teilen Italiens, ebenso von Einwanderern und geflüchteten Menschen von überallher. Die Kinder gehen zur Schule, die Erwachsenen zur Arbeit, man wartet auf den Bus, kauft ein, steht im Stau wie sonst wo auf der Welt.

Was jedoch unterscheidet die italienische von anderen Hauptstädten Europas? Arnold Esch, ehemaliger Professor für Mittelalterliche Geschichte in Bern und Direktor des Deutschen Historischen Instituts in Rom, fragt herausfordernd, was denn an der Ewigen Stadt das „Ewige" sei? „Doch nicht, dass hier einige große Ruinen immer noch nicht umgefallen sind, dass auf dem Banner immer noch SPQR steht oder dass die Straßen immer noch ‚Appia' oder ‚Cassia' heißen. Sondern dass Rom, nachdem es als Haupt eines

Weltreiches, das vielen Regionen Europas den Grund legte, gestürzt worden war, sich in völlig neuen Zusammenhängen abermals zum Haupt einer Welt erheben konnte, nun zum Haupt der Weltkirche." Rom sei so auf andere Weise dabei geblieben, Europa zu beherrschen und zu durchdringen.

Dass Rom die Hauptstadt von Katholiken ist, einem Weltreich ganz eigener Gestalt, das dürfte auch dem unsensibelsten Zeitgenossen nicht entgehen. Kein anderer Ort auf diesem Planeten kann eine höhere Dichte an Kirchenbauten, Bischöfen, Priestern und Ordensleuten aufbieten. Nirgendwo sonst lächelt einem der Papst so oft entgegen – auf Postkarten, Kalendern, Kugelschreibern oder Rosenkranzetuis. Und wo sonst könnte man den Heiligen Vater regelmäßig live und in Farbe erleben?

Das Schwesternhaus, in dem ich diesmal logiere, liegt quasi in Rufweite des *Vatikans*. Dort bekomme ich auch die Eintrittskarte für die Audienz am Mittwochvormittag. Das Ticket kostet nichts, man muss es aber vorweisen, um auf den *Petersplatz* eingelassen zu werden. (Später einmal werde ich das Papst-Billett in der Tasche des Jacketts finden und mich lächelnd erinnern). Bei ganz schlechtem Wetter steht auch eine Audienzhalle zur Verfügung. Doch heute ist es oktoberlich mild.

Natürlich lasse ich mir die Gelegenheit nicht entgehen. 1979 nahm ich im Rahmen einer Wallfahrt meiner Heimatpfarrei erstmals an einer Audienz teil: Da war Johannes Paul II. gerade ein Jahr im Amt und begeisterte alle mit seiner frischen und für Päpste geradezu jugendlichen Art. In seinen späten Jahren forderte einen seine offensichtliche Gebrechlichkeit heraus, nötigte jedoch auch Respekt ab. Benedikt hielt Hof, und Franziskus macht es auf seine Weise mit einer Mischung aus Nähe und Distanz.

Mit dem kargen italienischen Frühstück im Bauch mache ich mich auf den Weg. Es gibt morgens (wenn auch reichlich) Rosette soffiate, ziemlich trockene Brötchen. Sie sollen einer Rose ähneln, sind aber vor allem hart und hohl. Im Angebot ist auch Zwieback; den verbinde ich allerdings mit Krankheit. Butter und Marmelade aus Plastik-Einzelpäckchen retten da nicht viel, dazu ein tiefschwarzer Kaffee, der nach Zugabe von Milch eher grau wird als braun.

Doch jetzt stehen ja nicht weltliche Dinge auf der Tagesordnung, sondern geistliche. Mit einem Sitzplatz in der etwa dreißigsten Stuhlreihe befinde ich mich noch im vorderen Bereich. Ich warte zwischen einer spanischen Familie und ein paar indischen Ordensschwestern auf IHN. Vor uns eine große Jugendgruppe aus Belgien, hinter uns Italiener, die wunderbar belegte Panini verzehren, um die ich sie beneide. Bertram Otto schreibt in seinem dokumentarischen Bildband über den *Vatikan*, den er „Das Fenster zur Welt" betitelt hat, ziemlich euphorisch: „Ziel aller Rompilger ist der Petersplatz. In seinen Säulenarmen wissen sie sich geborgen, hier sind sie zu Hause. Alle, die auf diesem Platz stehen und staunen, sind vom gleichen Erlebnis erfasst, die Gläubigen und die anderen. Sie sind dem Alltag entrückt."

Als es endlich losgeht (man sieht IHN zunächst auf einer Großleinwand im Papamobil fahrend), könnte man wirklich annehmen, die Erweckung setze ein. Alle stehen auf, die Langeweile weicht umgehend spannungsvoller Erregung. Wir wissen, da kommt nicht der Messias, aber Franziskus schlägt eine Sympathie und Freude entgegen, die offenbart, wie wichtig dieses Amt ist: Hier kommt nicht nur der oberste Priester der Weltkirche, hier erscheint die Personifikation des Katholizismus. Ich habe das Bild des Papstes in katholischen Kirchen auf der ganzen Erde gesehen: ob in der Hauptstadt Namibias oder der thailändischen Provinz, ob auf Island oder in Santiago de Chile, der Papst eint sie alle. Und jetzt erblicke ich ihn mal wieder leibhaftig!

Nachdem er seine Runden über den Platz gedreht hat, werden verschiedene Pilgergruppen begrüßt; als die katholische Schule aus Antwerpen erwähnt wird, jubeln die Mädchen und Jungen vor uns in echtem Enthusiasmus. Einmal habe ich mit meiner evangelischen Gemeinde eine Pilgerfahrt nach Rom unternommen, und mein Freund Norbert hatte veranlasst, dass auch wir aufgerufen wurden: Die Evangelische Kirchengemeinde Hardtberg aus Bonn! Da sprangen auch die als emotionskontrolliert geltenden Protestanten begeistert auf und hatten Tränen der Rührung in den Augen! Mir fällt aber auch der Vorbereitungsabend für die Romreise einer katholischen Gruppe ein; als gefragt wurde, wer beabsichtige an der Audienz teilzunehmen … war ich, der Evangelische, der Einzige, der sich meldete.

Hier auf dem *Petersplatz* spielen Sprache, Herkunft, Bildung oder andere Kategorien keine Rolle. Hier vergewissern sich Katholikinnen und Katholiken gemeinsam mit ihrem Oberhaupt ihrer selbst. Franziskus spricht so, dass ihn alle verstehen können: Wir sollen den Glauben mutig in die Welt hinaustragen, in die kleine und die große. Da kann man nur dafür sein!

In gehobener Stimmung verlasse ich nach lateinischem Vaterunser und päpstlichem Segen den *Vatikan*. Wann kriegen Evangelische so etwas hin? Vielleicht zum Abschluss eines Kirchentages? Wir gönnen uns selbst nicht diese Art der Feierlichkeit. In mir keimt das Bedürfnis dazuzugehören zu dieser vermeintlich leichteren Weise zu glauben. Aber es gab ja auch Gründe, mich der Reformation anzuschließen. Nun sind zwar bei uns Evangelischen katholischerseits heiß debattierte Fragen wie Macht der Institution, Frauen im geistlichen Amt oder Zölibat einigermaßen geklärt, wirklich attraktiver macht uns das aber nicht.

Der Reformator Martin Luther kommt 1510 (oder 1511) als frommer katholischer Mönch nach Rom, nicht als Protestant. Zu Fuß: rund 1.400 Kilometer! Später wird er sich erinnern: „Als ich zuerst die Stadt erblickte, warf ich mich zu Boden und sprach: Sei gegrüßt, heiliges Rom." Luther feiert in *Santa Maria* an der *Piazza del Popolo* die heilige Messe und absolviert das damals übliche Pilgerprogramm. Das spielt sich ein paar Jahre vor dem Thesenanschlag in Wittenberg ab. 1517 will Luther keineswegs eine eigene Kirche gründen, sondern seine Kirche reformieren, an ihre Grundlagen zurückführen. Aber es kommt zum Konflikt, schließlich sogar zum Bruch mit ‚Rom': Der Name der Stadt ist für ihn längst zum Kampfbegriff geworden, er nennt sie „Hure Babylon". „Die einst heilige Stadt ist zur verdorbensten geworden", wettert er und formuliert in seinen Tischreden derb: „Wenn ich hier einen Furz lasse, dann riecht man das in Rom."

Aus dieser Perspektive der Konfrontation erzählt er dann auch rückblickend wenig erbaulich von seiner Pilgerreise: „Zu Rom, da ich auch ein so toller Heiliger war, lief ich durch alle Kirchen und Kluften, glaubte alles, was daselbst erlogen und erstunken ist." Luther macht an der heiligen Stiege gegenüber der Lateranbasilika Station: „So wollte ich in Rom meinen Großvater aus dem Fegefeuer erlösen, ging die Treppe des Pilatus hinauf, betete auf jeder Stufe ein Vaterunser. Es herrschte nämlich die Überzeugung, wer so betete, erlöse eine Seele. Aber als ich oben ankam, dachte ich: Wer weiß, ob es wahr ist." Recht hatte er zumindest mit seiner Beobachtung: „Rom ist ein Rattennest, das alte zwei Mann tief darunter." Vom Rom des Altertums war damals kaum etwas sichtbar, das *Forum Romanum* diente als Kuhweide.

Rom, Gegenpol, gar Feindbild des Protestantismus, wird dennoch durch die Jahrhunderte von evangelischen Geistlichen aufgesucht. Die meisten tun sich schwer mit dieser Stadt. Johann Gottfried Herder, Pfarrer und Philosoph der Weimarer Klassik, bringt sein Unbehagen in vornehme Worte: „Ich kann der Hauptstadt der Welt keinen Geschmack abgewinnen … Rom ist mir ein totes Meer und die Blasen, die darauf emporsteigen, um bald zu zerknallen, sind für mich nicht erfreulich." Drastisch hingegen drückt sich der amerikanische Theologe Theodore Parker im 19. Jahrhundert aus; er beschreibt seine Eindrücke in der „Hauptstadt des Humbugs". Sein Zeitgenosse Ferdinand Adolf Gregorovius, ein Historiker aus Königsberg, der viele Jahre in Italien lebt und dort sein Lebenswerk „Geschichte der Stadt Rom im Mittelalter" verfasst, urteilt ganz anders: „Rom ist ein Weltknoten; es lässt sich durch protestantische Kritik nicht auffasern." So prallt auch die ironische Bemerkung des großen Entmythologisierers Rudolf Bultmann an Rom ab: „Hier ist es wunderschön, fast so schön wie in Oldenburg."

Jenseits des *Vatikans* nehme ich ein leichtes Mittagessen zu mir, Lachs vom Grill mit Gemüse, wozu hier auch Kartoffeln zählen. Wein schon um halb eins? Aber Fisch ohne Wein? Also gut, aber nur ein Glas. Ich muss meine Gedanken ordnen.

Vor der Reformation gab es nur die eine christliche Glaubensgemeinschaft, zumindest in Mitteleuropa. Denn die ostkirchliche Orthodoxie hatte sich bereits im Jahr 1054 durch das große Schisma abgespalten. Erwähnen muss man auch die kleine italienisch-evangelische Kirche der Waldenser, die auf den Kaufmann Petrus Valdes (1140–1217) zurückgeht. Der hatte nach der Lektüre der Evangelien sein Hab und Gut aufgegeben und geißelte als Wanderprediger Macht und Reichtum der Kirche. Man exkommunizierte ihn und seine Anhänger schon 1184. Meine eingetrübten Gedanken helle ich durch eine Zabaione zum Dessert auf; beim Genuss dieser Weinschaumcreme frage ich mich, warum sich Menschen so sehr wegen Religion verkrachen können. Am Ende geht es immer nur darum, wer bestimmen darf. Ein Jammer.

Im Zuge der Reformation bilden sich Kirchen, die nicht dem Papst unterstehen. Sie werden als evangelisch oder protestantisch bezeichnet. Die katholische Kirche nennt man damals „altgläubig" und erst viel später „römisch-katholisch". Ist das nicht ein Widerspruch? „Katholisch" heißt allumfassend, allgemein; „römisch" hingegen ist eine wesentliche Einschränkung. Es gibt zwar auch Alt-Katholiken, die sich nach dem Unfehlbarkeitsdogma 1870 von Rom abgewandt haben und es wie die „alte" Kirche halten wollen, in der eben der Papst keine absolute Gewalt hatte. Doch auch die evangelische Kirche (als Überbegriff für alle aus der Reformation hervorgegangenen Glaubensgemeinschaften) empfindet sich als allumfassend, allgemein: Sind wir evangelisch-katholisch? Oder gar wittenbergisch-katholisch? Als hätten wir keine anderen Probleme! Wie vom Heiligen Geist gelenkt tritt ein alter Mann mit Violine vor die Tische des Gasthauses und fidelt uns die Puccini-Arie „O mio babbino caro". Diese berührende Musik, das Blitzen seiner Augen, die Grazie seiner Bewegungen befreit mich aus meinen verschlungenen Überlegungen: Ich bin zwar nicht römisch, aber dennoch katholisch. Obwohl, römisch fühle ich mich hier auch, als Teil der universalen Kirche Jesu Christi! Die Gäste applaudieren. Der Geiger tritt mit einer Verbeugung an jeden Tisch und sammelt ein fürstliches Trinkgeld ein.

Nach dem langen Sitzen mache ich einen Spaziergang, und da kann es heute nur ein Ziel geben: die *Piazza Martin Lutero* (tatsächlich so in dieser sprachlichen Mischform geschrieben). Ein Stündchen bin ich unterwegs zu diesem bescheidenen, aber doch bemerkenswerten Ort, der auf Initiative der Stadt Rom geschaffen wurde. Jürgen Krüger und Martin Wallraff kommentieren in ihrem Buch „Luthers Rom. Die Ewige Stadt in der Renaissance“ wohlgesonnen: „Zwar kein großer Boulevard und keine spektakuläre Piazza, sondern nur ein hübsches Plätzchen mit Springbrunnen in einem Park, das für niemanden Wohnadresse ist – aber doch ein Ort mitten im Zentrum, nur wenige Schritte vom *Kolosseum* entfernt. Eine Straße oder einen Platz nach Luther zu benennen, wäre für andere europäische Städte kein revolutionärer Akt: in Rom ist es aber auch heute keine Selbstverständlichkeit.“ Luther sei nun auch in Rom im öffentlichen Raum angekommen, kommentieren die beiden Autoren, nicht mit triumphaler oder provozierender Geste, nicht als Ketzermonument mit abschreckender Wirkung, sondern als Teil einer europäischen Erinnerungskultur, die Geschichte präsent hält, ohne zu polarisieren. Da gerade niemand außer mir da ist, mache ich ein Selfie mit dem Straßenschild „Piazza Martin Lutero“ und singe dann die erste Strophe von „Ein feste Burg ist unser Gott“.

Den Rückweg nehme ich über die Jesus-Kirche der Jesuiten (*Il Gesú*). Dort hält die allegorische Darstellung der Häresie ein Buch in Händen, auf dessen Rücken „Luther“ zu lesen ist – ich gebe zu, das weiß ich erst aus dem oben zitierten Buch. Jeden Abend fährt unter Orgelklängen vom Band eine Leinwand mit einem Gemälde von Andrea Pozzo nach unten und gibt den Blick auf die silberne Statue des Ordensgründers Ignatius von Loyola frei. Dieses rührend-komische Schauspiel hätte Luther zu bösen Kommentaren verleitet.

Mag sein, Rom, wo über 80 Prozent römisch-katholisch sind, ist nicht der geeignete Ort, über Ökumene nachzudenken. Aber wo ich lebe, ist sie eine Überlebensfrage. Beide großen Kirchen in Deutschland befinden sich in einer

Dauer-Krise. Ursachen wie Strategien, damit umzugehen, variieren, aber die Probleme sollten uns nicht weiter auseinandertreiben, sondern zusammengehen lassen. Eine neue Reformation, eine Rückbesinnung auf das, worauf es eigentlich ankommt, täte uns beiden gut.

Meine Urlaubslektüre ist diesmal das Buch „Wein und Brot“ des italienischen Schriftstellers Ignazio Silone. Der Roman spielt in den 30er Jahren des letzten Jahrhunderts. Ein Widerstandskämpfer gegen den Faschismus gibt sich als Priester aus. Als Don Paolo trifft er in einer Szene mit dem Anwalt Zabaglione zusammen. Einfache Männer vom Land fordern eine Rede. Zabaglione spricht zu den betrunkenen Handwerkern wie zu einer Versammlung von Königen im Exil „mit seiner warmen wohlklingenden Stimme: ‚Ihr Nachkommen Roms, der ewigen Stadt, oh du mein Volk. […] Wer hat die Kultur nach ganz Europa gebracht, bis an die nebeligen Küsten von England, und wer gründete Dörfer und Städte, wo vorher Menschen im Urzustand mit Hirschen und Wildschweinen auf die Weide gingen?‘“ Das geht noch so weiter, bis alle aufspringen und rufen: „Wir, wir, wir!“

Das kann ich mir lebhaft vorstellen. Sind wir heute besser? Auch wir verklären gern die Erinnerung: Weißt du noch, als es drei Messen am Sonntag gab; als noch 60 Kinder zum Kindergottesdienst kamen; als zum Gemeindefest noch tausend Leute da waren und sich die Hausfrauen mit den gestifteten Torten überboten; als noch jedes Wochenende Babys getauft und jährlich fast hundert Jugendliche gefirmt oder konfirmiert wurden? … „Man sonnt sich gern im alten Glanz vergangner Herrlichkeit“ heißt es im Lied „Ein Schiff, das sich Gemeinde nennt“ (übrigens schon 1960!). Der Blick in die Vergangenheit lässt die Gegenwart als Niedergang erscheinen.

Meine Gemeinde in Bonn hat zwei Kirchen. Beide sind sehr schön, beide sind mit vielerlei kostbaren Erinnerungen verbunden. Aber für unseren Sonntagsgottesdienst reicht eine absolut. Die Energiekosten, überhaupt eine Konzentration unserer Kräfte und Finanzen zwingen uns zur Entscheidung, uns von einem Gotteshaus zu trennen. Man kann sich angenehmere Themen vorstellen. Noch würde das Geld reichen, um beide Kirchen ein paar weitere Jahre am Laufen zu halten. Aber wäre das verantwortlich den nachfolgenden Generationen gegenüber? Übrigens, in keiner anderen Stadt sah ich so viele geschlossene Kirchen wie in Rom. Man lässt sie einfach verrotten.

In einer Gemeindeversammlung nutzte ich ein schlichtes Bild. Wenn ich an Körpergewicht zunehme, brauche ich neue Klamotten, die alten sind zu eng. Aber wenn ich abnehme, dann passen die Kleider auch nicht mehr, ich trenne mich von ihnen. Wir nehmen ab als Kirche, wir müssen unsere Immobilien anpassen. Die Vernunft ließ die Leute nicken, auch wenn das Herz nachhinkt. Warum teilen wir uns nicht ein Gotteshaus mit den Katholiken? Dann feierten wir unseren Glauben in einer katholisch-evangelischen Kirche.

Katholisch, evangelisch – für heute habe ich genug davon. Beim Abendessen in einem kleinen Ristorante reiche ich dem jungen Mann am Nachbartisch die Speisekarte. Wir kommen ins Gespräch. Elias, Architekt aus Paris, betrachtet Rom vor allem aus Sicht seiner Profession. Die antiken Bauwerke beeindrucken ihn. Ich empfehle ihm aber auch einen Abstecher ins Viertel *EUR*, Richtung Flughafen *Fiumicino*. Die Gebäude dort (für die – geplatzte – Weltausstellung 1942 errichtet) atmen faschistischen Geist, doch das quadratische *Kolosseum* ist ein echter Hingucker. Grinsend fragt Elias, was ich ihm zunächst einmal zu essen empfehlen kann. „Die Spaghetti Amatriciana sollen hier spitze sein."

Ich selbst wähle Penne mit Pesto Genovese. Als unsere beiden Speisen gleichzeitig serviert werden, ploppt in mir der Gedanke auf: „Ich hätte auch die Amatriciana nehmen sollen." So ein Blödsinn … meine Nudeln sind hervorragend. Warum scheint mir das erstrebenswerter zu sein, was ich nicht habe? Ob es mir mit den Konfessionen auch so geht?

Den Franzosen drängt es raus in die Stadt, ich verabschiede ihn mit einer Einladung nach Bonn. Einen Obstsalat später gehe ich heim. In der Kapelle des Schwesternhauses bete ich noch die Komplet. Auch in Betrachtung und Liturgie gibt es unterschiedliche Traditionen, das ist bereichernd. Doch der Adressat kennt keine Konfessionen oder Religionen: Gott, den ich DU nennen darf. Gott genügt sogar mein Schweigen. Wohlig erschöpft falle ich ins weiche Bett.

Am nächsten Vormittag habe ich die seltene Gelegenheit, an einer geführten Tour durch die *Vatikanischen Gärten* teilzunehmen. Unser Guide, eine promovierte Kunsthistorikerin, schimpft sacht über die arbeitnehmerunfreundlichen Bedingungen im *Vatikan*, berichtet aber Unglaubliches: Eine Kollegin habe sich darüber schriftlich beim Papst beschwert, der sie dann ein paar Wochen später anrief … was sie natürlich zunächst nicht glauben wollte, Franziskus vielmehr unwirsch abwimmelte, er solle solche Späße lassen. Der aber blieb dran und nahm einen zweiten Anlauf. Der gute Hirte kümmert sich um seine Schäfchen.

Nun aber tun sich vor uns die herrlichsten Anlagen auf: Mitten im Rom der Garten Eden! Da möchte ich auch Papst sein! Diese Freiluftbesichtigung schenkt dem Gemüt Labsal und dem Verstand Erkenntnis … siehe unten, diesmal Betonung auf dem letzten Wort:

Ach so

Erneute Sicherheitskontrollen
dann betreten wir das Heiligtum
kein Trubel mehr, keine Massen
paradiesische Aura umweht uns
die *Vatikanischen Gärten* bezaubern
Wir sind uns der großzügigen Ehre
bewusst, diesen Park besichtigen zu dürfen
in dem sonst der Pontifex
maximus lustwandelt
alles ist außergewöhnlich: das Gras
grüner, die Blumen schöner, der Ausblick
auf die Peterskuppel wirklich großartig
Dann nehmen wir einen Nebenweg
weil man Normalsterblichen eben nicht alles
freigeben kann. Die Lagerhalle da am
Wegesrand hat nichts Anheimelndes
Arbeiter rauchen oder pfeifen
während sie den Laster entladen:
Sprudelkisten, Nudelkartons, Toilettenpapier. Die Fremdenführerin registriert
meinen erstaunten Blick und erklärt
entschuldigend:
Hier leben Menschen

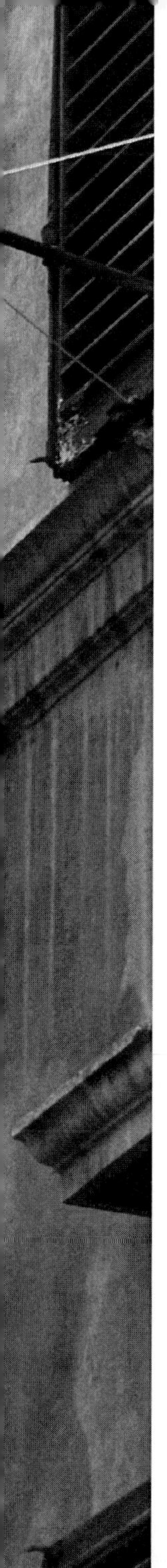

Vertrauen macht den Unterschied

Ein großer Verlag macht mir ein verlockendes Angebot: Man finanziert mir einen einjährigen Aufenthalt in Rom, wenn ich ein Buch mit dem Titel „Silentium" schreibe: Stille! Inhaltlich soll ich den Stillstand innerhalb der katholischen Kirche positiv bewerten. – Ich wälze mich hin und her und bin dankbar, erwachen zu dürfen: Dieses vergiftete Angebot war nur ein Traum. Nein, meine Aufgabe ist wahrlich nicht, innerkatholische Bewegungen zu kommentieren. In Deutschland, dem Land der Reformation, gibt es ein Ringen um Reformen, was der römischen Zentrale nicht zu passen scheint. Allein diese Bemerkung erlaube ich mir: Machen wir es wie Johannes XXIII., der heilige Papst – nehmen wir uns selbst doch nicht so wichtig.

Am Abend geht's heim; heute ist wieder einmal der letzte Tag einer Romreise. Der Flieger wird mich um 20 Uhr innerhalb von zwei Stunden nach Hause bringen, wo noch ein Hauch des ehemaligen Imperiums zu erahnen ist: Bonn ist ja eine römische Gründung von 11 vor Christus. Bis ins 4. Jahrhundert unterhielt die römische Armee dort Auxiliartruppen; das waren Hilfseinheiten aus Männern verbündeter Völker, die bei ehrenhafter

Entlassung am Ende ihrer Dienstzeit das römische Bürgerrecht erhielten. Bonn ist stolz auf seine beiden Stadtheiligen Cassius und Florentius, zwei Anführer der Thebäischen Legion, die Christen waren, ihrem Glauben abschwören sollten und schließlich als Märtyrer sterben mussten. Historisch fassen lässt sich das alles nicht, und doch bleibt eine existentielle Botschaft: Glaube ist mehr als eine Freizeitbeschäftigung oder *ein* Sinnangebot neben anderen. Glaube ist mir Start und Ziel meines Lebens, obwohl ich im langen Lauf dazwischen oft die Orientierung verliere. Rom richtet mich neu aus, römische Tage sind immer Exerzitien.

„Der Abschied von Rom ist schmerzlich und ein Aufreißen der Seele“, heißt es im fantastischen „Römischen Erinnerungsbuch“ von Werner Bergengruen: „Er stellt einem alles Ungenügen des irdischen Zustands vor Augen. … Wer einmal, und sei es für eine noch so sparsam bemessene Zeit, in Rom war, der hat in Jahrhunderten und in Jahrtausenden gelebt.“ Etwas pathetisch, aber wahr. Ich summe den alten Schlager „Arrivederci Roma“ von Dean Martin (1962), ein Liebeslied. Karel Gott hat ihn zwanzig Jahre später auf Deutsch flurbereinigt so präsentiert: „Arrivederci Roma, leb wohl, auf Widersehen. Wer dich einmal sah, der muss dich lieben. Viele Dichter haben dich beschrieben, doch nur, wer dich kennt, kann meine Sehnsucht auch verstehn.“ Das Youtube-Video mit Rom-Aufnahmen aus den 80er Jahren zeugt von einer anderen Zeit.

Am Vormittag habe ich noch ein paar Stunden und pilgere zum *Tempio del Christo Re*, dem Heiligtum des Königs Jesus. Darauf hat mich Bernd Henkel aufmerksam gemacht; der Mann hat bei der deutschen Botschaft in Rom gearbeitet und war im Vorstand der evangelischen Gemeinde. Er gab mir diesen Tipp. Der *Tempio del Christo Re* in der Kirche

Sant'Ignazio di Loyola ist eine Holzplastik von ungefähr zwei Metern Durchmesser. Die Sakralbauten vieler Religionen der Welt sind dort in einem großen Tempel vereinigt. Der Tischlermeister Vincenzo Pandolfi hat 28 Jahre lang an diesem phantasievollen Gotteshaus gebastelt. Dass dieses außergewöhnliche Kunstwerk in einer katholischen Kirche ausgestellt wird, zeugt von der Weite, zu der der Katholizismus auch fähig ist.

Dass er übrigens gerade in Rom seinen Mittelpunkt gefunden hat, hat vielerlei Ursachen: Der Bibel nach soll Paulus dort gewesen sein. Ob Petrus jemals in Rom war, ist historisch nicht nachweisbar, aber allein, dass die Legende es so will, zeigt die Bedeutung der Stadt für den damals noch jungen Glauben. Nun gab es dort ja bereits, bevor das Christentum auftrat, eine Religion. Giulio Gianelli sagt in seinem Beitrag „Religion, Riten und Priester" im sehr informativen Werk „Rom und seine große Zeit. Leben und Kultur im antiken Rom": „Man kann behaupten, dass sich in keiner der heidnischen Religionen des Altertums so wenig ethische Elemente und geistiger Gehalt finden wie in der römischen." Die Latiner hätten einfach menschliche Eigenschaften auf ihre Götter übertragen. Rom nahm die Götter aller eroberten Völker in sein Pantheon, den Götterhimmel, auf. Doch seien in diese Religion kein Glaube und keine Riten eingedrungen, „die ein tieferes Nachdenken über das Geheimnis des Übernatürlichen erkennen lassen". Nach Luisa Franchi dell'Orto („Das antike Rom. Leben und Kultur") haftete der römischen Religion etwas Vertragsmäßiges an: „im Ritus tat der Mensch seine Schuldigkeit, und von der Gottheit, der er huldigte, erwartete er eine Gegenleistung. In einem derart nüchternen Rahmen war für das Seelenleben ebensowenig Raum wie für philosophische Überlegungen." Vielleicht war es auch dieses Vakuum, das es dem jungen Christentum erleichterte, als echte Alternative wahrgenommen zu werden? Es sprach von Anfang an von einem Gott, der sich jedem einzelnen Menschen in Liebe zuwendet, ob Frau oder Mann, Kind oder Greis, arm oder reich. Das ist doch ein wesentlicher Unterschied, so ansehnlich die römischen Tempel auch gewesen sein mögen.

„Wir haben erkannt, wie sehr Gott uns liebt, und wir glauben an seine Liebe. Gott ist Liebe, und wer in der Liebe lebt, der bleibt in Gott und Gott in ihm“ (1. Johannesbrief 4,16). Diese Erkenntnis gehört zum Fundament des christlichen Glaubens. Christlicher Glaube ist Kommunion – Gemeinschaft mit Gott: Vertrauen macht den Unterschied! Pompöse Gebäude und strikt eingehaltene Rituale in Ehren, aber wenn sie zum Selbstzweck werden, sind wir nicht weiter als die Römer in ihrer alten Religion. Wir Christinnen und Christen wagen, um mit Giulio Gianelli zu sprechen, „ein tieferes Nachdenken über das Geheimnis des Übernatürlichen“ und wissen genau deswegen, dass alle Äußerlichkeiten schön sein mögen, aber nicht den Kern betreffen. Paulus sagt einmal: „Gott ist keinem von uns fern. In ihm leben, handeln und sind wir“ (Apostelgeschichte 17,27 f.).

Von diesem Mysterium berührt erlebe ich Rom. Deswegen sind die selbstkritischen Fragen von Jürgen Krüger und Michael Meyer-Blanck, die sie in ihrem sehr lesenswerten „anderen“ Reiseführer „Evangelisch in Rom“ stellen, höchst spannend: „Was ist das Evangelische, wenn es weder katholisch noch antikatholisch noch ignorant (akatholisch) sein will, sondern im Sinne des Evangeliums ökumenisch, wenn es auf den Einzelnen und sein Gewissen, auf Licht und Schatten des Alltags und auf eine durchschaubare kirchliche Institution bezogen wird?“ Man sieht, auch der Protestantismus ist mit seiner Selbstfindung beschäftigt. Doch allein sein Vorhandensein signalisiert, dass die katholische Kirche nicht die alleinige Deutungshoheit über die Botschaft Jesu beanspruchen kann.

Ich erlebe Rom als evangelischer Christ mit katholischer Prägung. Ich muss achtgeben, hier nicht der katholischen Versuchung zu erliegen, einfach alles zu schlucken, was einem an der Kirche aufstößt. Es geht ja schließlich um etwas Größeres! Die katholischen Modernisierer folgen den Impulsen des Zweiten Vatikanischen Konzils. Ich wünsche ihnen einen langen Atem und schließlich Erfolg. Gleichwohl geht es ja tatsächlich um etwas Größeres! Katholiken, Protestanten, Orthodoxe, von den Kopten über die Baptisten bis hin zur Heilsarmee, alle Christinnen und Christen mögen sich auf der Suche nach ihrer Identität von anderen abgrenzen. Aber erst alle zusammen bilden die eine Kirche Gottes. Nehmen wir uns selbst doch nicht so wichtig!

Ich will den Konfessionalismus hinter mir lassen, sage ich mir, als ich im Gasthaus schräg gegenüber der *Chiesa Sant'Ignazio* das Glas erhebe auf meinen letzten Tag. Ich genieße den leichten Wein, schön kühl, dessen Säure man schmeckt, so mag ich es, und alle Diskussionen über Entmythologisierung sind mir in diesem Augenblick gleichgültig: Mein Herr und Meister Jesus hat bei der Hochzeit zu Kana für 600 Liter Wein gesorgt. Wie wunderbar! Die Gnocchi mit Rindergulasch sind eines Abschiedsmahles würdig, wie auch die süßen Reistörtchen zum Dessert. Gott, ich danke dir!

Vor einer unscheinbaren Bar, abseits des Touristenstroms, suche ich mir ein ruhiges Plätzchen. Das Tischchen wackelt, der Stuhl ist aus Plastik, die Bedienung lächelt mit schlechten Zähnen, aber der Kaffee ist einfach viel besser als zu Hause. Ich lese das Schlusskapitel meiner Urlaubslektüre: „Rom ohne Heiligenschein. Geschichten der ewigen Stadt" von Josef Imbach. Da schreibt er ganz richtig: „Rom lärmt. Rom zermürbt. Rom macht krank. Das wissen nicht nur die Einheimischen, sondern auch die Fremden. … Die Römer vermaledeien ihre Stadt, die Römerinnen verwünschen ihre Männer, die angeblich unfähig sind, auch die kleinste Reform einzuleiten, und fromme Pilger und mondäne Touristinnen schwören gleicherweise und einmal mehr, diesem Babylon endgültig den Rücken zu kehren – und ein halbes Jahr später sitzen sie bereits wieder auf der Piazza Navona und schlürfen ihren Espresso." – Wie Recht der Mann hat, nur lasse ich mich bestimmt nicht an jenen Orten nieder, wo sich die Preise jenseits des Verstandes bewegen.

Was aber stimmt: Es kommt der Tag, da hat man genug. Genug Lauferei. Genug Prasserei. Genug sogar des Guten, Wahren und Schönen: Hier noch ein Brunnen, dort noch ein Park, eine Kirche, ein Palazzo … die schier unerschöpfliche Fülle setzt unter Stress. Den Dreck in vielen Straßen übersehe ich, solange ich die pittoreske Brille aufhabe, auf einmal stört er mich. Das Schild in einer Bar „Lonely? We will get you drunk" (Einsam? Wir machen dich betrunken) finde ich nicht mehr lustig. Das Programm des italienischen Fernsehens wirkt auf mich noch schlimmer als das in Deutschland. Wenn mich schon das Toilettenpapier nervt, das entweder gar keine Perforierung hat oder als Einzelblättchen daherkommt, dann ist es Zeit abzureisen.

Ich schließe die Augen. Was war in den letzten Tagen besonders schön? Da taucht das innere Bild auf, wie jemand über die *Via dei Coronari* ein großformatiges Ölgemälde auf der Schulter trägt; zu sehen ist eine Dame mit nackter Schulter, also auf dem Bild im Rahmen. Ich erinnere mich an den Gitarrenspieler auf dem *Aventin*, der ganz in sich ruhend eine Ballade vortrug. Das Grab der 18-Jährigen kommt mir in den Sinn, die vor über einem Jahrhundert auf dem Friedhof der Nicht-Katholiken begraben wurde; ich trauere um diese Unbekannte. Wie wunderbar, dass ich mit dem Organisten einer römischen Basilika bekannt bin und wir uns auf einen Drink getroffen haben. Ich sehe im Geiste noch einmal jene Gemeinde vor mir, die zum Ende einer Andacht mit Hingabe ein schmalziges Marienlied schmettert. Und ich erinnere mich der strahlend weißen Unterwäsche, die vor dem Fenster im ersten Stock zum Trocknen aushing: In Rom darf man das malerisch nennen.

Laura und Chris (ein befreundetes Paar, dass ich trauen durfte) wollten von mir wissen, was sie unbedingt in der Ewigen Stadt erleben müssen. Gütiger Himmel, was soll ich den beiden raten? Welche Auswahl aus der Fülle würde dem Phänomen Rom gerecht? Ich konnte nur einen sehr persönlichen Tipp geben: „Pantheon, Aventin, Trastevere. Sucht eine Kirche, die nichts zu bieten hat. Steigt zu den Ufern des Tibers hinab. Spaziert durch die Villa Borghese. Schließt beim Essen für einen Moment die Augen und sagt: Danke." So halte ich es nun auch. Kaue bedächtig an einem Cantuccini und danke Gott für alles, was ich sehen, hören, schmecken, riechen, fühlen durfte. Für alle Begegnungen. Für Rom.

„Du fährst nach Rom und kommst nach Hause", schreibt mir Jan; er kennt mich. Ein anderer Freund fragt neugierig: „Du fährst so oft nach Rom – hast du da eine Freundin?" Ihm antworte ich: Rom selbst ist meine Freundin. Mitunter, wenn mir Rom zu viel wird, drücke ich es drastisch aus: Rom sei eine Hure, die sich jedem hingibt, aber einem das gute Gefühl vermittle, der Einzige zu sein. Ach, damit verdränge ich nur den Abschiedsschmerz.

Rom schafft allein durch die Entfernung auch eine Barriere zu den Problemen der Heimat. Einige Nachrichten haben mich in den letzten Tagen erreicht: Ein Mann ist sehr einsam. Eine Frau liebt einen, der sich nicht für sie entscheiden mag. Jemand ist suizidgefährdet. Ein anderer hat seinen Job verloren. Ein Mensch ist schwer krank, und zwei sind gestorben, die ich beerdigen werde. In der Gemeinde gibt es einen Konflikt, in dem ich intervenieren muss.

Immerhin, zu Hause steht die gleiche Sonne am Himmel wie in Rom, das heißt: wenn sie denn in Deutschland scheint. Die Wetteraussichten daheim sind freundlich. Der nächste Flug nach Rom ist längst gebucht. Ich kann mit innerlichem Frieden den Koffer aus dem Hotel holen und im Taxi sagen: „All'aeroporto, per favore". Goethe konnte nicht so gelassen aufbrechen: „Bei meinem Abschied von Rom empfand ich Schmerzen einer eigenen Art. Diese Hauptstadt der Welt, deren Bürger man eine Zeitlang gewesen, ohne Hoffnung der Rückkehr zu verlassen, gibt ein Gefühl, das sich durch Worte nicht überliefern lässt. Niemand vermag es zu teilen, als wer es empfunden." – Mich packt Dankbarkeit, dass ich wiederkommen darf, so Gott will. Goethe fasst zusammen, wozu mir die Worte fehlen: „Und in Rom hab' ich mich selbst zuerst gefunden, bin ich zuerst übereinstimmend mit mir selbst glücklich und vernünftig geworden."

Die lästige Alte, ohne die ich nicht kann

Ewige Stadt, ewiges Verlangen
der Durst brennt immer stärker
der Trieb hinzufahren duldet keinen Aufschub:
der Süchtige braucht seine Ration
Irrational, natürlich, dieses Sehnen
wie alle Abhängigkeit
doch es funktioniert:
Der Blick auf die Kuppel von *St. Peter*
am besten im Abendschein
wirkt wie Medizin
und der billigste Frascati
mundet einem Göttertrunk gleich
Ich gesunde, bis es heißt:
Arrivederci, Roma!

Am Flughafen *Fiumicino* packt mich bereits das Heimweh nach Rom. Aus Frust kaufe ich italienische Genussartikel wie Schokolade, Kuchen und Likör, die ich in Bonn preiswerter bekommen würde. Bei der letzten Spremuta d'arancia frage ich mich, ob ich dem unmoralischen Angebot des Verlages in der Realität nicht doch nachgegeben hätte ... Rom für ein Jahr! Gott sei Dank muss ich diese Entscheidung nicht treffen, kann aber dieses Buch schreiben, das Sie – werte Leserinnen und Leser – gerade in Händen halten. Irgendwann muss man sich lösen vom Manuskript, obwohl ein Buch über Rom per definitionem nie fertig sein kann. Es sind noch so viele Geschichten zu erzählen. Und wenn ich einmal zu schwach bin, durch die Ewige Stadt zu spazieren, werden es andere tun und berichten, was sie dort erfahren haben.

Rom ist ein Mosaik, aus unendlich vielen Steinchen zusammengesetzt. Geht man zu nah heran, sieht man nur Einzelteile und Fugen. Es braucht den richtigen Abstand, um die Pracht genießen zu können. Dem dient auch das Wegfahren und Wiederkommen. Kunst, Kultur, Kulinarik, das Licht, die Luft, Freizeit und Freiheit, Erlebnisse aller Art sind wunderbar und ein Schatz, aber Vertrauen macht den Unterschied. In Rom öffne ich mich für Gott.

Was ich sagen wollte: Rom, so Norbert Miller in Michael Ruetz' Werk „Römische Veduten", „das jeder kritischen Nachprüfung seiner Deutungen standhält", dieses Rom macht mich zu einem dankbaren Menschen. In diesem Moment, an der Theke in der Wartehalle des Flughafens, folge ich ohne Mühe der Anweisung des Paulus:

„Hört nicht auf zu beten und Gott zu danken."

(Kolosser 4,2)

Dann heißt es: Einsteigen!

Grazie a Dio!

Verwendete Literatur

Adriatico, Lito S.: Rom durch die Bilder. Trani 1975.

Andres, Stefan: Der Geist, der hier gewaltet hat; in: Merian Rom. Das Monatsheft für Städte und Landschaften (Heft 12/XXIII) Hamburg 1970.

Barth, Karl: Der Römerbrief (2. Fassung 1922). Zürich (21. Auflage) 2019.

Bergengruen, Werner: Römisches Erinnerungsbuch. Freiburg im Breisgau (3. Auflage) 1972.

Berger, Jürgen: Rom. Bindlach 1988.

Calligarich, Gianfranco: Der letzte Sommer in der Stadt. Wien 2022.

Delius, Friedrich Christian: Bildnis der Mutter als junge Frau. Reinbek bei Hamburg 2008.

Dyckhoff, Peter: Wolke des Nichtwissens. Eintauchen in geistliches Leben nach einem englischen Kartäusermönch des 14. Jahrhunderts, der namentlich nicht bekannt ist. Freiburg im Breisgau 2020.

Englisch, Andreas: Mein Rom. Die Geheimnisse der Ewigen Stadt. München (3. Auflage) 2018.

Ernesti, Jörg: Deutsche Spuren in Rom. Spaziergänge durch die Ewige Stadt. Freiburg im Breisgau 2020.

Ferrari, Jérôme: Predigt auf den Untergang Roms. Zürich (2. Auflage) 2013.

Fischer, Hans-Joachim: Rom. Zweieinhalb Jahrtausende Geschichte, Kunst und Kultur in der Ewigen Stadt. Köln (4. Auflage) 2000.

Franchi dell'Orto, Luisa: Das antike Rom. Leben und Kultur. Firenze 1982.

Frank, Claus-Günther: Rom. „So viele Städte in einer einzigen." Literarische Spaziergänge durch die Hauptstadt der Welt. Tübingen 2000.

Gianelli, Giulio: Religion, Riten und Priester; in: Rom und seine große Zeit. Leben und Kultur im antiken Rom. Würzburg 1975.

Greubel, Frank: dennoch. Brauchbare Texte und Gebete für heute. Würzburg 2024.

Haefs, Gisbert: Roma. Der erste Tod des Mark Aurel. München/Zürich 2001.

Imbach, Josef: Rom ohne Heiligenschein. Geschichten der Ewigen Stadt. Mannheim 2010.

Infessura, Stefano: Römisches Tagebuch. Jena 1913.

Knecht, Norbert: Rom. Eine besondere Stadt. Hangelar 2022.

Knecht, Norbert: Rom. Ewig schön. Hangelar 2024.

Krämer, Walter und Eva Krämer: Lexikon der Städtebeschimpfungen. Boshafte Berichte und Schmähungen von Aachen bis Zürich. Frankfurt am Main 2002.

Kropf, Peter: Die Sünden der Kirche. Bayerischer Rundfunk 1998.

Krüger, Jürgen und Martin Wallraff: Luthers Rom. Die Ewige Stadt in der Renaissance. Darmstadt (2. Auflage) 2015.

Krüger, Jürgen und Michael Meyer-Blanck: Evangelisch in Rom. Der etwas andere Reiseführer. Göttingen 2008.

Kuhn OSB, Albert: Roma. Die Denkmale des christlichen und des heidnischen Rom. Einsiedeln u. a. 1877.

Kyrklund, Willy: Vom Guten. Berlin 1991.

Levi, Carlo: Die Uhr. Berlin 2005.

List, Herbert: Rom. Ein terra magica Bildband. München (5. Auflage) 1960.

Lodoli, Marco: Inseln in Rom. Streifzüge durch die Ewige Stadt. Frankfurt am Main 2006.

Lütz, Manfred: Der Sinn des Lebens. München 2024.

Miller, Norbert: Die Vedute als Anschauungsform; in: Michael Ruetz (Hg.), Römische Veduten. München 1987.

Mirabilia Urbis Romae. Die Wunderwerke der Stadt Rom (herausgegeben von Gerlinde Huber-Rebenich u. a.). Freiburg im Breisgau 2014.

Morselli, Guido: Rom ohne Papst. Römische Berichte vom Ende des 20. Jahrhunderts. Frankfurt am Main 1981.

Morton, Henry Vollam: Wanderungen in Rom. Frankfurt am Main (8. Auflage) 1978.

Novalis: Hymnen an die Nacht. Hymnen, Lieder und andere Gedichte Friedrich von Hardenbergs. Köln 2006.

Novalis: Im Einverständnis mit dem Geheimnis. Freiburg im Breisgau 1980.

Ortheil, Hanns-Josef: Rom. Eine Ekstase. Berlin (5. Auflage) 2015.

Otto, Bertram und Marlies Grünberg-Otto: Das Fenster zur Welt. Dokumentarischer Bildband über den Vatikan. Bonn 1959.

Rinser, Luise: Septembertag. Frankfurt am Main 1976.

Röwekamp, Georg: Rom (herausgegeben von Christoph vom Brocke und Christfried Böttrich). Leipzig 2017.

Rücker, Bernd: Rom. Eindrücke aus Rom. Grainau 2012.

Schutz, Frère Roger: Einer Liebe Staunen. Tagebuchaufzeichnungen. Freiburg im Breisgau (2. Auflage) 1981.

Schwikart, Georg: Ach so!; in: Treibe meinen Tempel aus. Theotralische Texte. Sankt Augustin 2017.

Schwikart, Georg: Alle Abwege führen durch Rom. Sankt Augustin 1995.

Schwikart, Georg: Best of Rome. 66 Highlights. Würzburg 2013.

Schwikart, Georg: Christentum. Die 100 wichtigsten Daten. Gütersloh 2002.

Schwikart, Georg: Der Leib Christi; in: Klemens Geiger und Robert Haas: Wir bringen dir Brot und Wein. Kevelaar 2011.

Schwikart, Georg: Die lästige Alte; in: höher, höher. Bewahrte Worte. Sankt Augustin 2018.

Schwikart, Georg: Ewige Stadt; in: dichter dran. Praktische Poesie. Nettetal (2. Auflage) 2011.

Schwikart, Georg: Ewigkeit siegt; in: Treibe meinen Tempel aus. Theotralische Texte. Sankt Augustin 2017.

Schwikart, Georg: Grazie mille; in: Gotteskrümel. Würzburg 2023.

Schwikart, Georg: Liebeserklärung an Rom. Zwischen Verführung und Erleuchtung. Leitfaden für ein Gesamtkunstwerk. Würzburg 2014.

Schwikart, Georg: Rom (Reihe Premium). Würzburg (4. Auflage) 2018.

Schwikart, Georg: Rom für Pilger. Spirituelle Impulse und praktische Tipps. Kevelaer 2002.

Schwikart, Georg: Rom. Würzburg (5. Auflage) 2011.

Schwikart, Georg: Süßer Klang; in: Überleben. Latente Lyrik über Leben. Sankt Augustin (2. Auflage) 2018.

Schwikart, Georg: Wo nichts ist; in: höher, höher. Bewahrte Worte. Sankt Augustin 2018.

Seipolt, Adalbert: Alle Wege führen nach Rom. Die heitere Geschichte einer Pilgerfahrt. Würzburg 1958.

Silone, Ignazio: Wein und Brot. Köln 1984.

Steindl-Rast und Balts Nill: Der Fließweg. Gedanken zum Daodejung des Laozi. Innsbruck 2024.

Strauss, Simon: Römische Tage. Stuttgart 2021.

Wallraff, Martin, Michael Matheus und Jörg Lauster (Hg.): Rombilder im deutschsprachigen Protestantismus. Begegnungen mit der Stadt im „langen 19. Jahrhundert". Tübingen 2011.

Young, William Paul: Die Hütte. München 2011.

4-13-13

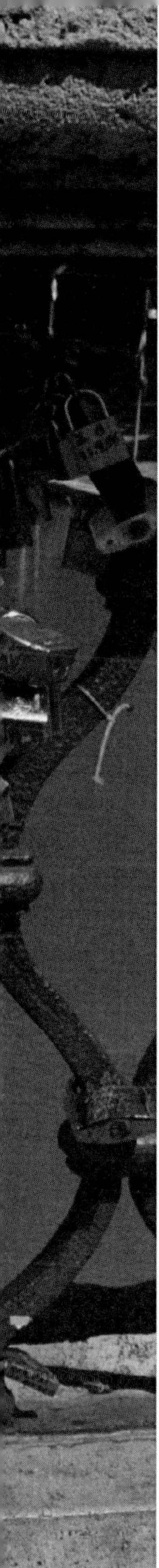

Weitere Titel des Autors im Echter Verlag

Requiem für meinen Glauben
Was ich getrost begraben darf und dadurch an Leben gewinne

Windhauch und Wein
Zur Aktualität von Kohelet, dem Prediger Salomo

Gotteskrümel
Annäherungen an das Unsagbare

Die Kunst des Trauerns
Ein kleiner Leitfaden

Wir sterben uns noch zu Tode
Gedichte jenseits von Eden

Römische Wahrheiten

Einer Pilgergruppe erzähle ich einmal die Sage von Romulus und Remus. Wer am Ende den Kampf um die neue Stadt gewonnen habe, frage ich zum Spaß, verunsichere damit aber die Zuhörenden. „Na, nach wem ist denn die Stadt benannt?“ Das ist natürlich allen klar, und einer weiß dann sogar: „Und Remus hat sich dann zurückgezogen und Remagen gegründet.“

In Rom heißt es, eine Geschichte müsse nicht wahr sein, nur gut erzählt. Die Geschichten, Mythen und Anekdoten über die Ewige Stadt, ja auch der Religion, müssen nicht unbedingt den Tatsachen entsprechen – sie können dennoch sehr wahr sein. Sie alle erzählen von der größten Wahrheit:

Das Leben ist seltsam und schrecklich und schön, und am Ende wird alles gut.